Ernst Hückstädt

Der Lehrbegriff des Hirten

Ein Beitrag zur Dogmengeschichte des zweiten Jahrhunderts

Ernst Hückstädt

Der Lehrbegriff des Hirten
Ein Beitrag zur Dogmengeschichte des zweiten Jahrhunderts

ISBN/EAN: 9783743625358

Hergestellt in Europa, USA, Kanada, Australien, Japan

Cover: Foto ©Lupo / pixelio.de

Manufactured and distributed by brebook publishing software (www.brebook.com)

Ernst Hückstädt

Der Lehrbegriff des Hirten

Der Lehrbegriff des Hirten.

Ein Beitrag

zur

Dogmengeschichte des zweiten Jahrhunderts

von

Dr. Ernst Hückstädt

Pastor.

Anklam

Verlag von A. Schmidt

1889.

Inhalt.

	Seite
Einleitung	1—8.
I. Die schöpferische Offenbarung Gottes	„ 9—15.
§ 1. Die Lehre von Gott	„ 9—11.
§ 2. Die Lehre von der Schöpfung	„ 12—13.
§ 3. Die Kirche als Geschöpf	„ 13—15.
II. Die heilsgeschichtliche Offenbarung Gottes	„ 16—64.
A. Die Voraussetzung derselben	„ 16—20.
§ 4. Die Sündenverderbnis	„ 16—19.
§ 5. Die Liebe Gottes	„ 19—20.
B. Die Realisierung des Heilsplanes Gottes	„ 20—64.
§ 6. Das Ziel der heilsgeschichtlichen Offenbarungen Gottes	„ 20—21.
I. Die objektive Verwirklichung des Heilsplanes Gottes	„ 21—57.
1. § 7. Die Vorbereitung	„ 21—23.
2. Die Verwirklichung des Heils durch den Mittler Gottes	„ 23—49.
a) Die Person Christi	„ 24—47.
§ 8. Die menschliche Seite seines Wesens	„ 24.
§ 9. Ist der Mensch Jesus der Sohn Gottes?	„ 24—26.
§ 10. Der präexistente Sohn Gottes ist dem Hermas identisch mit dem heiligen Geiste	„ 26—30.
§ 11. Der postexistente Sohn Gottes	„ 30—47.
b) § 12. Das Werk des Erlösers	„ 47—49.
3. Die kirchliche Thätigkeit	„ 49—57.
§ 13. Das Zeugnis der Kirche	„ 49—52.
§ 14. Die taufende Kirche	„ 52—55.
§ 15. Die Verfassung der Kirche	„ 55—57.
II. Die subjektive Heilsaneignung	„ 57—64.
§ 16. Der Glaube	„ 57—61.
§ 17. Die Buße	„ 61—63.
§ 18. Die Heiligung	„ 63—64.
III. § 19. Die Vollendung der Kirche	„ 65—66.

Dem Hirten des Hermas, diesem uralten Produkt der christlichen Litteratur, dem es nie an Freunden gebrochen hat,[1] haben in der neusten Zeit die Gelehrten wieder besondere Aufmerksamkeit geschenkt. Und das mit Recht, ist er doch für die Kenntnis der nachapostolischen Zeit von größter Bedeutung. Viel Fleiß, Scharfsinn und Gelehrsamkeit ist aufgeboten, um diesen alten Zeugen in seiner wahren Gestalt wieder erscheinen zu lassen,[2] seine Entstehungszeit zu bestimmen und seine kirchliche Stellung und Lehre in's rechte Licht zu setzen. Dankbar muß anerkannt werden, daß bereits viel zu seinem rechten Verständnis und seiner richtigen Würdigung geschehen ist; aber daß dazu noch viel fehlt, beweisen die großen Verschiedenheiten in seiner Beurteilung. Es ist daher keine überflüssige Mühe, die man auf die Untersuchung des Hirten verwendet, zumal die letzte ausführliche Bearbeitung[3] desselben zu allgemein anerkannten Resultaten nicht gelangt ist, und, wie uns scheinen will, nicht gelangen konnte, weil sie eine tendenziöse Voreingenommenheit nicht vorsichtig genug vermieden hat. Was darin über die Abfassungszeit und den Verfasser, über die kirchliche Stellung des Clemens, über die Lehre von der Dreieinigkeit, über Christi Person und Werk ausgeführt ist, erscheint uns völlig irrig. Die Kritik, welche sich an dieses Buch anschloß,[4] die Untersuchungen, zu denen Heyne,[5] Donaldson,[6] Behm[7] und Andere durch dasselbe angeregt wurden, haben zwar das Verständnis der Schrift gefördert, aber Vollständiges nicht geboten.

---

[1] Vergleiche die zahlreichen Codices, Uebersetzungen und Abhandlungen.

[2] Vergleiche die Ausgaben von Anger, Tischendorf, Dressel, Hilgenfeld, Gebhardt und Harnack.

[3] Zahn, Der Hirt des Hermas. 1868.

[4] Hilgenfeld in Zeitschrift für wissenschaftliche Theologie 1869. S. 229 f. Lipsius, ebenda, Seite 249. Zahn, Jahrbücher für deutsche Theologie 1870. S. 192. Peters in Theol. Lit.-Blatt 1869. S. 654 f.

[5] Heyne, quo tempore Hermae Pastor scriptus sit.

[6] Donaldson, The Apostolical Fathers. London.

[7] Behm, über den Verfasser der Schrift, welche den Titel Hirt führt. Rostock 1876.

Völlig die Resultate der Vorarbeiten beherrschend, über einen außerordentlichen Scharfsinn und eine bewunderungswürdige Belesenheit in alter und neuer patristischer Litteratur verfügend, steht Harnacks[1]) Commentar zum Hirten würdig auf der Höhe der bisherigen Untersuchungen. Aber nur angedeutet und verteilt steht hier das Richtige. Es fehlt immer noch eine genaue und allseitige Darstellung des Lehrbegriffs des Hirten. Wir wollen dieselbe auf den folgenden Blättern versuchen. Zuvor wollen wir Klarheit über die Abfassungszeit des Hirten und über die kirchliche Stellung seines Verfassers zu gewinnen trachten.

Für die Bestimmung der Abfassungszeit ist die Glaubwürdigkeit des muratorischen Fragments[2]) von entscheidender Bedeutung. Mag dieses nun, wie Hesse zu beweisen sucht,[3]) bereits unter dem Bischof Soter 168—176, oder mag es, wie wir mit Harnack[4]) lieber annehmen, im Zeitalter des Irenäus etwa um 180 entstanden sein; mag sein Verfasser in Afrika[5]), oder in Unteritalien[6]), oder, was uns wahrscheinlicher ist, in Rom[7]) gelebt haben; mag es endlich eine private oder amtliche Schrift sein, mag es als letztere „aus dem Bedürfnis nach Sichtung des neutestamentlichen Kanons erwachsen" sein[8]), oder bereits „die motivirte Entscheidung" der Kirche[9]) enthalten: es steht der Zeit des Pius und der Periode, da der Hirt ein allbekanntes und im öffentlichen Gottesdienst gelesenes Buch war, so nahe, daß seinen Angaben über den Verfasser und die Entstehungszeit des Hirten,[10]) auf die es allein

---

[1]) Gebhardt et Harnack. Patrum apostol. Opera III.

[2]) Abgedruckt ist das muratorische Fragment unter anderen bei Guericke a. a. O. 565 f., Kirchhofer a. a. O. 1 f., Credner, Zur Geschichte des Kanons, II. S. 69 ff. und Geschichte des neutestamentlichen Kanons, S. 146 f., Hilgenfeld, Der Kanon S. 40 und Einleitung S. 90.

[3]) Hesse, Das muratorische Fragment, 1873, S. 46.

[4]) Harnack, Zeitschrift für Kirchengeschichte 1879, S. 358.

[5]) Credner a. a. O. Seite 142.

[6]) Zahn, Der Hirt des Hermas S. 15. Jahrbücher für deutsche Theologie 1874, Seite 145 ff.

[7]) Vergleiche Harnack, Patrum Apostolicorum Opera III. Prolegomena XLVI. Hilgenfeld a. a. O. S. 39. Anmerkung 1. Uns scheint, daß Rom in den Versen 70—80 mit Nachdruck als Abfassungsort betont ist, um das Urteil der römischen Gemeinde um so gewichtiger erscheinen zu lassen.

[8]) So behaupten wir mit Kahnis, Lutherische Dogmatik 1 A. I. Seite 657.

[9]) Credner a. a. Ort Seite 117.

[10]) Mutr. fragm. vv. 73—80: pastorem vero nuperrime temporibus nostris in urbe roma herma conscripsit sedente cathedra urbis romae ecclesiae pio eps fratre ejus et ideo legi eum quidem oportet se puplicare vero in ecclesia populo neque inter profetas completum numero neque inter apostolos in fine temporum potest.

seine Polemik gegen dessen Kanonicität gründet, allseitig widersprochen werden mußte, wenn sie nach Zahn's scharfem Ausdruck nur dreiste Behauptungen waren.[1]) Von solch einem Widerspruch finden wir keine Spur. Vielmehr wird das Gegenteil bewiesen, sowohl durch die römische Tradition,[2]) wie sie sich vornehmlich in der Chronik Hippolyts,[3]) im liberischen Papstkatalog[4]) und im pseudotertullianischen Gedicht adv. Marcionem[5]) darstellt, als auch), und das scheint von größter Bedeutung, dadurch, daß die nachfolgende Fixierung des neutestamentlichen Kanons

---

[1]) Zahn a. a. O. Seite 34.

[2]) Daß man, um die römische Tradition verstehen zu können, die Existenz eines Bruders des römischen Pius mit Namen Hermas annehmen müsse, gesteht Zahn zu. Aber warum an den Angaben des Fragments nur das historisch sein soll, daß Pius einen Bruder Hermas gehabt habe, nicht aber auch, daß dieser Hermas den Hirten geschrieben, ist nicht einzusehen. Unglaubwürdig wird Zahn das Fragment nur, weil Vis. II, 4 eine andere Zeitangabe als jenes darbieten soll. Es ist aber Vis II, 4 nur dann eine andere Zeitangabe, wenn man diese Stelle wie Zahn interpretiert, dazu ist aber gar keine Veranlassung. Vergleiche Seite 2, Anmerkung 10. Die Annahme also, daß das Fragment nicht die zu seiner Zeit schon feststehende Tradition wiedergäbe, sondern durch seine unhistorischen Verwirrungen erst der späteren römischen Tradition den Ausgangspunkt geboten habe, ist durch nichts zu erweisen.

[3]) Vergleiche Mommsen, über den Chronographen vom Jahre 354. Lipsius a. a. Ort. 40—70. Hippolyts Chronik soll zwar nichts als ein einfaches Namenverzeichnis der Päpste gewesen sein; aber wenn der Verfasser des liberischen Katalogs diese Chronik wörtlich abschrieb, ohne den Namen der Päpste anderes beizufügen als die Kaiser, unter denen sie regierten, und die Konsulate, welche Anfang und Ende ihrer Amtsdauer bezeichnen; so ist es um so auffälliger, daß er bei Pius allein eine Ausnahme macht. Er hatte dazu keine andere Veranlassung als die, daß diese Angabe schon in seiner Vorlage stand. Denn daß er diese Notiz aus dem Piusbriefe geschöpft habe — Ceterum nosse vos volumus, quod pascha domini die dominica annuis sollemnitatibus sit celebrandum. Istis ergo temporibus Hermes doctor fidei et scripturarum effulsit inter nos. Et licet nos idem pascha praedicta die celebremus, quia tamen quidam inde dubitarunt, ad corroborandas aminas eorum, eidem Hermae angelus domini in habitu pastoris apparuit et praecepit ei, ut pascha die dominica ab omnibus celebraretur. Unde et vos apostolica auctoritate instruimus, — ist um so weniger glaubwürdig, als seinen Worten nicht die geringste Anspielung auf die Osterstreitigkeiten beiwohnt. Übrigens scheint der Piusbrief in eine spätere Zeit verlegt werden zu müssen, wofür das doctor fidei et scripturarum und apostolica auctoritate instruere spricht.

[4]) Sub hujus episcopatu frater eius Ermes librum scripsit, in quo mandatur continetur que, quod ei praecepit angelus, cum venit ad illum in habitu pastoris.

[5]) Carmen adv. Marcionem: Post hunc deinde Pius, Hermas cui germine frater, Angelicus pastor, quia tradita verba locutus. Das Gedicht stammt aus dem Jahre 350. Was dagegen vorgebracht worden ist, ist nicht stichhaltig. Daß der Verfasser seine Notiz aus dem muratorischen Fragment geschöpft habe (Behm), ist nur Vermutung. Vergl. meine Schrift, über das pseudotertullianische Gedicht adv. Marcionem und Oxé, Prolegomena de carmine adv. Marcionitas.

der Forderung des Fragments rücksichtlich des Hirten präcise entspricht.¹)

Unter diesen Verhältnissen ist die Geringschätzung, die das Fragment von Zahn und Anderen²) erfährt, um so weniger gerechtfertigt, als der Hirt selbst nichts enthält, um deswillen dem Fragment ein Zweifel entgegengebracht werden dürfte,³) dagegen vielmehr einerseits alle seine Auslassungen über Christenverfolgungen,⁴) über die römische Kirchenverfassung,⁵) über den Begriff der Kirche, sowie seine primitiven christologischen Anschauungen, andererseits das Schweigen über die apostolische Succession und die gnostischen Irrlehren der Angabe des Fragments völlig entsprechen.

Ist demnach das Fragment ein glaubwürdiger Zeuge, so ist der Hirt zu Rom geschrieben, als Pius Bischof war oder richtiger als er im Kollegium der Presbyter eine hervorragende Stellung⁶) einnahm. Dem Pius werden die Jahre 139 (141) — 154 (156),⁷) nach andern die Jahre 142—157⁸) beigelegt. Da nun in den letzten Jahren dieses

---

¹) Tertull. de pudicitia 10: Sed cederem tibi, si scriptura Pastoris, quae sola moechos amat, divino instrumento meruisset incidi, si non ab omni concilio ecclesiarum etiam vestrarum inter apocrypha et falsa iudicaretur, adultera et ipsa et inde patrona sociorum, a qua et alias initiaris, cui ille, si forte, patrocinabitur pastor quem in calice depingis c. 20. Et utique receptior apud ecclesias epistula Barnabae illo apocrypho Pastore moechorum.

²) Ritzsch, Dogmengeschichte I. Seite 113.

³) Die einzige Stelle, welche dem Fragment widersprechen könnte, ist, wie schon erwähnt, Vis. II, 4, 3: γράψεις οὖν δύο βιβλαρίδια καὶ πέμψεις ἐν Κλήμεντι καὶ ἐν Γραπτῇ. πέμψει οὖν Κλήμης εἰς τὰς ἔξω πόλεις, ἐκείνῳ γὰρ ἐπιτέτραπται. Mit Aufbietung eines großen Scharfsinnes und unter Anwendung einer reichen Gelehrsamkeit sucht Zahn aus diesen Worten den berühmten römischen Clemens herauszulesen. Er stützt sich dabei hauptsächlich auf den Satz ἐκείνῳ γὰρ ἐπιτέτραπται, in dem er ein von Clemens verwaltetes kirchliches Amt genannt sieht. Mit wie wenig Grund er dies thut, haben Heyne a. a. O. S. 17 f. und Harnack in seiner Note zu Vis. II, 4. 3 schlagend nachgewiesen. Ebenda hat Harnack auch den Nachweis geführt, daß unter jenem Clemens, dem Hermas sein Buch schicken soll, überhaupt nicht ein Presbyter, viel weniger ein Bischof, sondern ein Laie oder höchstens ein Diakon zu verstehen ist. Mit diesem Nachweis wird Zahn's ganze Beweisführung über die Entstehungszeit des Hirten hinfällig, und nicht anders ergeht es vielen nur auf diese seine Ansicht gestützten Deduktionen. Mit diesem Nachweis ist hoffentlich für immer die Ansicht abgethan, als habe der Hirt sich selbst dem Römer 16, 14 erwähnten Hermas beigelegt.

⁴) Vergl. Heyne a. a. O. 25 f. Behm a. a. O. 37—49.

⁵) Ritschl a. a. O. 403. Behm a. a. O. 34 f. Zahn 93 f.

⁶) Von Bischöfen konnte zur Zeit des Hermas keine Rede sein.

⁷) So Lipsius, Langen, Erbes und Kaltenbrunner: 140—155.

⁸) Jaffé.

Pontifikats, ja schon von 140 an die gnostischen Irrlehren die römische Gemeinde so heftig bewegten (Marcion kam um 154, Valentin um 135 nach Rom), daß des Hermas Schweigen über sie unbegreiflich wäre, wenn er während dieser Bewegungen oder nach ihnen geschrieben hätte:[1] so werden wir genötigt, den Hirten vor dem Jahre 140 entstanden zu denken. Es hindert nichts, auch die Angaben des muratorischen Fragmentes nicht, ihn noch etwas früher anzusetzen. Über 130 hinaus darf man aber schwerlich gehen.[2]

Über den Verfasser des Hirten sind die Ansichten ebenso zwiespältig, wie über die Abfassungszeit.[3] Nach dem muratorischen Fragment ist Hermas, der Bruder des Pius, der Autor. An dieser Angabe zu zweifeln, sehe ich keinen Grund, und auch die neueste ausführliche Untersuchung Behms, welcher unter Verwerfung der Angaben des Fragments zu dem Schluß kommt, daß ein Anonymus, der nicht Hermas hieß, sich den Namen des apostolischen Hermas beigelegt habe, kann mich nicht irre machen. Die Beweisführung, daß die Angaben des muratorischen Fragments unrichtig sind, ist ebenso wenig schlagend, wie die andere, daß die römische Tradition durch dieselbe veranlaßt sei.[4]

Über die kirchliche Stellung des Verfassers erfahren wir aus dem Fragment und anderen Quellen nichts. Diese kann nur aus seiner Schrift selbst erkannt werden. Da sind die Ansichten nun wieder sehr zwiespältig; während Einige[5] ihn zum Judenchristen stempeln wollen, rechnen ihn Andere[6] zu den Montanisten. Beide Ansichten sind gleich irrig. Hermas ist so wenig judenchristlich gefärbt, daß sich bei ihm, wiewohl er in einem jüdischen Hause seine Jugend zugebracht zu haben

---

[1] Vergl. Zahn a. a. Ort Seite 304 f. Es wird nicht zu leugnen sein, daß Hermas gnostische Irrlehren bekämpft (Siehe Sim. IX., 22; vergl. Lipsius Zeitschrift für wissenschaftliche Theologie 1865 Seite 284, 1866 Seite 78, Harnack Patr. Ap. Op. III. LXXXI. Anmerkung 2), aber die sanfte Weise, in welcher er sich mit ihnen beschäftigt, verbietet doch, die von ihm bekämpften Gnostiker mit Marcion und Valentin zu identificieren.

[2] Mit wenig Ausnahmen (Ewald, Jachmann, Gaab, Zahn, Caspari) stimmen die neueren Forscher der oben gefundenen Abfassungszeit annähernd bei. Vergl. Harnack a. a. Ort, Seite LXXXII. Anmerkung 3.

[3] Vergl. Harnack a. a. Ort S. LXXXIII., wo 11 verschiedene Ansichten aufgeführt werden.

[4] Hätte der Verfasser des pseudotertullianischen Gedichts adv. Marc. das Fragment vor Augen gehabt, dann würde er den Hermas nicht pastorem angelicum haben nennen können.

[5] Schwegler, Hilgenfeld, Lipsius, Ritzsch.

[6] So Blondell, Dorner, Bauer, Ritschl.

scheint¹) und sich mit der jüdischen Litteratur wohl vertraut zeigt,²) dennoch nicht eine Stelle auffinden läßt, welche seinen judenchristlichen Stand auch nur wahrscheinlich machte.

Es scheint, als ob er mit mehr Grund den Montanisten beigezählt werden darf. Doch allein schon die Thatsache, daß Tertullian in seiner montanistischen Periode den Hirten aufs heftigste bekämpft, muß davor warnen.³)

Scheinen seine Lehren über die Ehe, über die Buße, über das Fasten und die guten Werke auch an den Montanismus zu streifen, so ist doch, was sie mit demselben gemein haben, die Forderung ascetischer Strenge und Weltverleugnung aus dem Bestreben erklärbar, die Kirche vor der Weltherrlichkeit, die in großem Umfange eingerissen war, und vor dem Strafgericht, das mit dem als nahe bevorstehend erwarteten Weltende hereinbrechen werde, zu warnen. Wie weit aber des Hirten Lehre von der Prophetie, die dem Montanismus verwandt sein soll, von dieser entfernt ist, hat Zahn treffend nachgewiesen.⁴)

Allen Anzeichen nach gehört also der Verfasser des Hirten der katholischen Kirche an,⁵) wie es ihm denn auch in der That bei all seiner Mahnung und Bußpredigt um die Erneuerung und Erhaltung der ganzen christlichen Kirche zu thun ist. Nicht an einzelne, besondere Neigungen hegende und besondere Bestrebungen verfolgende Kreise, sondern an die gesamte Christenheit soll sein Buch gerichtet sein. Und die gesamte Christenheit hat es von ihm dankbar hingenommen. Das beweist seine schnelle Verbreitung im Abend- und Morgenlande, seine Vorlesung im öffentlichen Gottesdienst und seine Aufnahme in den Kanon.⁶)

Demnach haben wir uns unter dem Verfasser des Hirten einen katholischen Christen⁷) zu denken, der den Glauben seiner Kirche ganz

---

¹) Vergl. Zahn a. a. Ort Seite 77 f.
²) Vergl. seine Engellehre Vis. I. 1, 6, I. 3, 4, II. 4, 1, III. 3, 3, III. 11—13, IV. 13. Sim. V., VIII., IX.
³) Vergl. Tert. de pudicitia 10, 7, 30.
⁴) Zahn, Hirt des Hermas. Seite 344 ff.
⁵) So Lerner a. a. O. 190 f. Lechler, Apostolisches Zeitalter 1857, S. 489 f. Uhlhorn, Gaab, Zahn, Donaldson, Schwegler. Vergl. Vis. III. 8, 10, III. 11—13, Sim. VIII. 2. IX. 17 ff.
⁶) Vergleiche Harnack Patr. Apost. Op. III. § 3 der Prolegomena.
⁷) Wie wohl der Hirt dem Jakobusbrief nahe verwandt ist, ist er doch durchaus nicht antipaulinisch. Biblische Wörter, Gedankenverbindungen fast aus allen Schriften des neuen Testaments sind durch das ganze Buch zerstreut. Daher kann man nicht sagen, daß der Hirt einen paulinischen oder petrinischen oder sonst wie gefärbten Standpunkt vertreten habe. Vergl. Zahn a. a. Ort 391 Anklänge an apokryphische Evangelien finden sich gar nicht. Er ist eben ein einfacher bibelgläubiger Christ.

und voll teilt. Wir dürfen daher in seinem Buche, das anfangs so bereitwillig von der ganzen Kirche angenommen und als Schrift citiert,[1]) später zwar nicht etwa wegen seines Inhalts[2]), sondern wegen seines jungen Ursprungs aus dem Kanon verdrängt, aber immer noch hochgeachtet wurde,[3]) einen Niederschlag der katholischen Lehre erwarten, wie sie um 130—140, bevor die gnostischen Irrlehren zu einer präciseren Auffassung und Darstellung drängten, gehegt ward.

Die Ansicht, welche Hilgenfeld[4]) in seiner neusten Ausgabe des Hirten vorgetragen hat, daß nämlich drei Verfasser nach einander an „dem Hirten" gearbeitet hätten, haben wir uns nicht aneignen können, denn wenn auch einige Beobachtungen seine Hypothese zu begünstigen scheinen, so sprechen doch die allen Teilen des Werkes identischen Züge für die Einheitlichkeit desselben, und die angeblichen Widersprüche lassen sich entweder anders ausgleichen oder sind nur scheinbare. So lange nicht zwingendere Gründe angezogen werden, halten wir an der Einheit der Schrift fest. Eine ausführliche Auseinandersetzung mit der Hilgenfeld'schen Hypothese erscheint uns nicht erforderlich, bis er sie überzeugender vorgetragen hat.[5])

Mag der Hirt des Hermas aus bewußter Reaktion gegen die bisher beobachtete laxere Behandlung des kirchlichen Lebens zur Herbeiführung einer ascetischen Sittenstrenge entstanden sein[6]) oder mag er zur Reinigung und Beruhigung zunächst der römischen Gemeinde, in der nach voraufgegangener Entartung durch ein äußeres Gericht Verwirrung und Niedergeschlagenheit Platz gegriffen hatte, dann aber auch der ganzen Christenheit, in der ähnliche Zustände herrschten, geschrieben sein[7]) — das lassen wir hier unerörtert. Soviel steht fest, daß die Absicht und das Ziel der ganzen Predigt die Hebung des kirchlichen Lebens ist.[8]) Die Verwirklichung der wahren Kirche hat Hermas im Auge, daher begegnet uns im Hirten keine Frage so häufig, als die nach dem Wesen der Kirche. Die Kirche steht im Vordergrunde aller

---

[1]) Irenaeus IV., 34, 2: Bene igitur scriptura (sc. pastor), quae dicit. Vergl. Tertullian de orat. 16. Clemens der Alexandriner und Origenes messen dem Hirten fast kanonische Würde bei und citieren ihn wiederholt wie die heilige Schrift.

[2]) Vergleiche das legi (sc. in ecclesia) oportet beim muratorischen Fragment.

[3]) Das beweist die Achtung, die Athanasius ihm zollt.

[4]) Hilgenfeld, A., Hermae Pastor. Editio altera emendata et valde aucta. Lipsiae 1881.

[5]) Vergl. Harnack, Theologische Litteraturzeitung 1882 Nr. 11, Seite 249 u. 250. Link, Die Einheit des Pastor Hermae.

[6]) Vergl. Ritschl, Entstehung der altkatholischen Kirche, Seite 529. 531. 538.

[7]) Vergl. Zahn, Hirt des Hermas. Seite 357. [8]) Vergl. Vis. II, 2, 4—5.

seiner Betrachtungen, von ihr geht er aus, zu ihr kehrt er stets zurück. Man kann sagen, sein Buch sei nichts anders als eine Darstellung der Entwickelung der christlichen Kirche in Bildern und Gleichnissen. Diese Thatsache will bei der Eruierung des Lehrbegriffs des Hirten beachtet sein, und es erscheint uns daher nicht bloß als berechtigt, sondern als notwendig, daß die Darstellung des Lehrbegriffs von der Darstellung der kirchlichen Entwickelung beherrscht und ihr untergeordnet werde.

Die Kirche ist dem Hermas Weltzweck,¹) daher die Weltentwickelung nichts anderes als Kirchenentwickelung, und die Weltgeschichte nichts anderes als Kirchengeschichte ist. Dieser Zweck wird erreicht, diese Entwickelung und Geschichte wird ermöglicht und gefördert durch eine doppelte Offenbarung Gottes, durch seine schöpferische und seine heilsgeschichtliche Offenbarung.

¹) Vis. I, 1, 6: ὁ θεὸς ... κτίσας ἐκ τοῦ μὴ ὄντος τὰ ὄντα καὶ πληθύνας καὶ αὐξήσας ἕνεκεν τῆς ἁγίας ἐκκλησίας αὐτοῦ. Vis. II, 4, 1: διὰ ταύτην ὁ κόσμος κατηρτίσθη, Wenn es Mand. XII, 4, 2: ἔκτισε τὸν κόσμον ἕνεκα τοῦ ἀνθρώπου heißt, so ist diese Anschauung mit der obigen wohl zu vereinen, da ja die Kirche aus den Menschen sich bildet, und Mand. XII, 4 sich auf die Erfüllung der in der Kirche geltenden und zu ihrer Heiligung gegebenen Gesetze bezieht.

I.

Die schöpferische Offenbarung Gottes.

§ 1. Die Lehre von Gott.

Die Gottheit denkt Hermas als ein ewiges, überräumliches Wesen, das im Himmel wohnt.[1] Es ist unfaßlich, d. h. sowohl unräumlich, als auch unbegreiflich. Beides liegt in der Benennung ἀχώρητος[2], wie denn die lateinischen Handschriften „qui nec verbis definiri nec mente concipi potest" erläuternd hinzufügen.[3] Ihm eignet Allgegenwart, nicht blos insofern als es die ganze Welt umschließt,[4] sondern auch insofern als es in jedem Menschen wohnt.[5] Es ist allmächtig, es heißt παντοκράτωρ[6] und ὁ θεὸς τῶν δυνάμεων.[7] Letzterer Ausdruck ist nicht pantheistisch zu deuten, denn die Gottheit ist ein intellectuelles, ein persönliches Wesen. Darauf deuten schon die Benennungen ὁ θεός, ὁ κύριος[8], ὁ δεσπότης[9]), dann die Stellen, nach denen Gott als ein Verstand besitzendes, Zwecke setzendes und dieselben mit Weisheit und seiner Vorsehung gemäß erstrebendes Wesen erscheint.[10] Gott ist heilig[11],

---

[1] Vis. I, 1, 6: ὁ θεὸς ὁ ἐν τοῖς οὐρανοῖς κατοικῶν.

[2] Mand. I, 1. Vergl. Theoph. ad Atol. II, 3. p. 81 E.: ἔτι μὴν μηδὲ τὸ ἐν τόπῳ χωρεῖσθαι. εἰ δὲ μή γε, μείζων ὁ χωρῶν τόπος αὐτοῦ εὑρεθήσεται. μεῖζον γάρ ἐστι τὸ χωροῦν τοῦ χωρουμένου. θεὸς γὰρ οὐ χωρεῖται, ἀλλὰ αὐτός ἐστι τόπος τῶν ὅλων. Tertull. adv. Marc. I, 15. Iren. II, 1, 1 u. f. Arnobius adv. nat. I, 31. Apologett.

[3] Die ältere lateinische Übersetzung hat statt verbis — verbo.

[4] Mand. I, 1 ὁ θεὸς , . . ὁ τὰ πάντα χωρῶν.

[5] Mand. III, 1 ὁ κύριος ὁ ἐν σοὶ κατοικῶν.

[6] Sim. V, 7, 4.

[7] Vis. I, 3, 4.

[8] Vis. I, 1, 3, 5, 8. I, 3, 1. II, 1. 2.

[9] Vis. II, 2, 4, 5.

[10] Vis. I, 3, 4.

[11] Vis. I, 1, 6.

denn er haßt die Sünde, und gerecht,[1]) denn er vergilt den Menschen je nach ihren Werken. Die Grundrichtung seines Wesens aber ist erbarmende Liebe,[2]) die auch nach dem Fall seiner Erwählten nicht erkaltet.[3])

Mit besonderem Nachdruck betont Hermas die Einheit resp. Einzigkeit Gottes. Πρῶτον πάντων πίστευσον ὅτι εἷς ἐστιν ὁ θεός heißt es Mand. I. 1, aber nicht um mit Rücksicht auf die gnostische Lehre von schöpferischen Mittelwesen die Einzigkeit des Weltschöpfers zu betonen.[4]) Die Mandate richten sich gegen den eingerissenen Weltdienst und die damit verbundene Weltseligkeit. Da die Welt und alles was darinnen von Gott geschaffen und zwar um des Menschen willen geschaffen ist: so konnte leicht die Ansicht Platz greifen, als ob der Weltdienst nichts unerlaubtes, und die Weltseligkeit nichts verwerfliches sei. Dieser Ansicht gegenüber erinnerte Hermas an die Einzigkeit Gottes. Es ist derselbe Gott, der die Welt geschaffen und der die Mandate gegen die Weltseligkeit gegeben. Die Weltseligkeit, diese Hingabe des Herzens an das Geschöpf statt an den Schöpfer, ist eine Verachtung des letzteren, verträgt sich daher nicht mit wahrem Gottesdienst, und es ist vor allem nötig, daß man im Glauben wisse, es ist derselbe Gott, der die Welt geschaffen und derselbe Gott, der sie zu fliehen heiße, damit man unter der Weltseligkeit des Schöpfers nicht vergesse, dem man allein dienen, den man allein fürchten soll.[5]) Es ist hier aus rein praktischen Gründen die Einzigkeit Gottes betont, gerade so, wie es der Herr mit Berufung auf 5. Mos. 6, 4 thut, wenn er spricht: ἄκουε Ἰσραήλ, κύριος ὁ θεός ἡμῶν κύριος εἷς ἐστιν.[6]) Dogmatische Folgerungen sind aus dieser Stelle nicht zu ziehen. Es kann auf Grund derselben nur die Einzigkeit Gottes, aber nicht die schlechthinnige Einheit desselben behauptet werden, und es ist schlechterdings nicht einzusehen, daß hier eine Glaubensregel gegeben und dieselbe auf den ersten Artikel beschränkt werden soll.[7]) Die Glaubensregeln aus dem Taufbekenntnis entstanden wie dieses aus der Taufformel[8],) sind älter als der Hirt und enthalten alle den Glauben an den dreieinigen Gott. Als ein Glied der römischen

---

[1]) Sim. VI, 3, 6.
[2]) Sim. VIII, 6. Vis. II, 2. Sim. IX, 14. Vis. I, 3. IV. 2. Mand. IX.
[3]) Sim. V, 7. 4.
[4]) So Behm a. a. O. Seite 56.
[5]) Vergl. Zahn, Hirt des Hermas, S. 150.
[6]) Marc. 12, 38.
[7]) Ritschl a. a. O. S. 343.
[8]) Vergl. Caspari, Quellen zur Geschichte des Taufsymbols T. III, Seite 4 f.

Gemeinde, als ein Anwalt der gesamten Christenheit konnte sich Hermas zu einer so großen Heterodoxie gar nicht verstehen. Und in der That hat er die Glaubensregel nicht verleugnet, resp. auf den ersten Artikel beschränkt. Ἡ ἁγία ἐκκλησία, ἡ ἄφεσις τῶν ἁμαρτιῶν, τὸ πνεῦμα τὸ ἅγιον erinnert an den dritten Artikel[1]) und der von ihm geforderte Glaube an den Sohn Gottes, an dessen Sündentilgung und dereinstige Wiederkunft zum Gericht an den zweiten Artikel.[2]) Dazu kommt, daß dem Hermas die trinitarische Terminologie geläufig ist: er redet von Gott, als von dem Weltschöpfer[3]), von dem vorweltlichen heiligen Geist[4]), von dem Sohne Gottes, der Gottes Ratgeber bei der Schöpfung gewesen,[5]) der die ganze Welt trägt[6]) und der alleinige Mittler zwischen Gott und seiner persönlichen Creatur ist.[7]) Freilich eine ausgebildete Trinitätslehre hat er nicht. Rückwärtsschauend unterscheidet er die Person des Sohnes und des heiligen Geistes vom Vater, aber er grenzt sie nicht gegen einander ab, der Geist ist ihm identisch mit dem Sohn,[8]) vorwärtsschauend unterscheidet er den Sohn auch von dem Geist, aber nicht etwa einen präexistenten, sondern einen ex adoptione gewordenen, in die Seinsweise des heiligen Geistes aufgenommenen Sohn Gottes.[9]) Dies ist nicht die kirchlich sanctionierte Trinitätslehre, aber eine solche gab es zur Zeit des Hermas überhaupt noch nicht.[10]) Seine trinitarischen Anschauungen zeugen daher auch nicht gegen seinen katholischen Stand, geschweige denn dafür, daß er judaisierend einen strengen Monotheismus begünstigt habe, vielmehr sind seine Aussagen, daß der heilige Geist die Welt geschaffen habe, neben der andern, daß Gott der Weltschöpfer sei, nur verständlich und erträglich, wenn man den heiligen Geist als eine göttliche Hypostase faßt, also den Hermas in Gott einen persönlichen Unterschied annehmen läßt.

---

[1]) Caspari a. a. O. I. III. Seite 5. Vis. I, 3, 4.
[2]) Sim. V.
[3]) Mand. I.
[4]) Sim. V, 6, 5.
[5]) Sim. IX, 12, 2.
[6]) Sim. IX, 14, 5.
[7]) Sim. IX, 12, 8.
[8]) Sim. IX, 1.
[9]) Sim. V.
[10]) Euseb. h. e. V, 28, 3: φασὶ (Theodotiani) γὰρ τοὺς μὲν προτέρους ἅπαντας καὶ αὐτοὺς τοὺς ἀποστόλους παρειληφέναι τε καὶ δεδιδαχέναι ταῦτα, ἃ νῦν οὗτοι λέγουσι, καὶ τετηρῆσθαι τὴν ἀλήθειαν τοῦ κηρύγματος μέχρι τῶν χρόνων τοῦ Βίκτορος.

§ 2. Die Lehre von der Schöpfung.

Mit besonderem Nachdruck hebt Hermas hervor, daß Gott der Schöpfer der Welt sei. Wo er das ganze christliche Verhalten, das Wesen wahrer Religiosität kurz zusammen fassen will, fordert er den Glauben an Gott den Weltschöpfer,[1]) auch wo er durch den Zusammenhang nicht an den Schöpfer erinnert wird, betont er dennoch die Einheit des Schöpfers und des Sündenrichters.[2])

Die schöpferische Thätigkeit wird mit $\varkappa\tau i\zeta\epsilon\iota\nu$[3]) und $\pi o\iota\epsilon\tilde{\iota}\nu$ bezeichnet.[4]) Aus dem letzteren Ausdruck ist aber nicht zu schließen, daß Gott nur Weltbildner gewesen und aus einem vorhandenen Stoff seine Welt gemacht habe. Das mehrfach wiederkehrende $\tau\grave{o}\ \mu\grave{\eta}\ \check{o}\nu$ kann nicht in platonischer Weise auf eine formlose Masse gedeutet werden, weil es heißt $\pi o\iota\acute{\eta}\sigma\alpha\varsigma\ \grave{\epsilon}\varkappa\ \tau o\tilde{\upsilon}\ \mu\grave{\eta}\ \check{o}\nu\tau o\varsigma\ \epsilon\grave{\iota}\varsigma\ \tau\grave{o}\ \epsilon\tilde{\iota}\nu\alpha\iota\ \tau\grave{\alpha}\ \pi\acute{\alpha}\nu\tau\alpha$. Der Zusatz $\epsilon\grave{\iota}\varsigma\ \tau\grave{o}\ \epsilon\tilde{\iota}\nu\alpha\iota$ spricht dem „$\tau\grave{o}\ \mu\grave{\eta}\ \check{o}\nu$" jedes Sein ab und markiert auf das bestimmteste die Schöpfung aus nichts.

Die Schöpfung ist kein notwendiger Akt Gottes, sondern ein Werk seines freien Willens.[5]) Ihr letzter Grund ist Gottes Liebe, ihr letzter Zweck der Mensch resp. die Kirche, denn um des Menschen, resp. der Kirche willen ist sie geschehen.[6])

Geschaffen hat Gott die Welt durch seine unsichtbare Kraft, seinen herrlichen Willen, sein gewaltiges Wort, seine eigenste Weisheit und Vorsehung.[7]) Diese Kräfte und Eigenschaften zu unieren, darnach zu personifizieren und schließlich mit dem weltschöpferischen $\lambda\acute{o}\gamma o\varsigma$ zu identifizieren,[8]) dazu fehlt es an jedem Grund. Dennoch kennt Hermas ein persönliches Medium der Schöpfung. Wenn von dem präexistenten Sohn Gottes, der identisch ist mit dem heiligen Geist, gesagt wird, daß er Gottes Ratgeber gewesen sei bei der Schöpfung,[9]) ja alles erschaffen habe[10]), so sind diese Aussagen mit der andern, daß Gott Weltschöpfer sei,[11]) nur so zu vereinen, daß man des Hermas Meinung dahin

---

[1]) Mand. I, 1.
[2]) Vis. I, 1, 6: $\acute{o}\ \vartheta\epsilon\grave{o}\varsigma\ \acute{o}\ \varkappa\tau\acute{\iota}\sigma\alpha\varsigma\ \ldots\ \acute{o}\rho\gamma\acute{\iota}\zeta\epsilon\tau\alpha\acute{\iota}\ \sigma o\iota\ \check{o}\tau\iota\ \check{\eta}\mu\alpha\rho\tau\epsilon\varsigma$.
[3]) Vis. I, 1, 6. I, 3, 4. II, 4, 1. III, 4, 1. Mand. I, 1. XII, 4, 2. Sim. IV, 4.
[4]) Mand. I, 1.
[5]) Vis. I, 3, 4.
[6]) Vis. I, 1, 3. Mand. XII, 4. Vis II, 4, 1.
[7]) Vis. I, 3, 4.
[8]) Vergl. Dorner. Entwickelungsgeschichte der Lehre von der Person Christi. I. Seite 185 flg.
[9]) Sim. IX, 12, 2.
[10]) Sim. V, 6, 5.
[11]) Mand. I, 1.

präcisiert, daß Gott durch seinen Sohn, d. i. durch den heiligen Geist die Welt geschaffen habe. Außer dem mit dem heiligen Geist identischen Sohn kennt Hermas kein persönliches Medium der Schöpfung, und selbst, wenn man die Identifizierung des präexistenten Sohnes mit dem heiligen Geist nicht gelten lassen will, so würde der Sohn doch nur als Gottes Ratgeber, nicht als Schöpfungsprincip erkannt; letzteres ist ausschließlich der heilige Geist, und es fällt somit die Ansicht dahin, als habe Hermas abgesehen vom heiligen Geist das alexandrinische Theologumenon von der weltschöpferischen Weisheit gehegt.[1]

Das Objekt der schöpferischen Thätigkeit Gottes heißt ἡ κτίσις,[2] ὁ κόσμος ὅλος,[3] τὰ πάντα,[4] τὰ ὄντα,[5]) auch αἱ δόξαι.[6] Die κτίσις τοῦ θεοῦ umfaßt nicht blos die sichtbare Welt, Himmel und Erde[7], sondern auch die unsichtbare Welt, den Himmel sofern er der Wohnsitz Gottes und seiner erstgeschaffenen Engel ist.[8]

Wie Gott die Welt geschaffen, so erhält er sie; wie der Sohn es ist, durch den er sie geschaffen, so ist er es auch), durch den er sie erhält,[9] daneben läßt er auch die Engel an der Welterhaltung und Regierung teilnehmen.[10]

§ 3. Die Kirche als Geschöpf Gottes.

Die Kirche ist das Ziel der schöpferischen Thätigkeit Gottes. Um ihretwillen ist alles geschaffen,[11] daher erscheint sie auch als das erste Geschöpf Gottes,[12] das der Weltschöpfung vorausgeht. Es fragt sich nun, ob sie ideell, d. h. nur im Rat Gottes vor der Weltschöpfung bestanden oder eine reale Existenz vor der Welt bei Gott gehabt habe. Ersteres hat man in den Worten τῇ ἰδίᾳ σοφίᾳ καὶ προνοίᾳ κτίσας τὴν ἐκκλη-

---

[1] Anders Zahn, Dorner.
[2] Vis. I, 1, 3. Sim. IX, 12, 2. V, 6, 5. Vis. III, 4, 1.
[3] Vis. I, 3, 4. II, 4, 1. Mand. XII, 4, 2.
[4] Sim. VII, 4.
[5] Vis. I, 1.
[6] Vis. I, 3, 3.
[7] Vis. I, 3. 4.
[8] Vis. I, 1, 6. Sim. IX, 12.
[9] Sim. IX, 14, 5.
[10] Vis. III, 4: Οὗτοί εἰσιν οἱ ἅγιοι ἄγγελοι τοῦ θεοῦ οἱ πρῶτοι κτισθέντες, οἷς παρέδωκεν ὁ κύριος πᾶσαν τὴν κτίσιν αὐτοῦ, αὔξειν καὶ οἰκοδομεῖν καὶ δεσπόζειν. Auf die Engellehre kommen wir später ausführlicher zu sprechen.
[11] Vis. I, 4.
[12] Vis. II, 4.

σίαν αὐτοῦ Vis. I, 3, 4 — finden wollen,¹) doch nicht mit Recht. Nach dieser Stelle ist die Kirche nicht vor der Welt, sondern zugleich mit oder sogar erst nach derselben geschaffen. Zudem verbietet die enge Verbindung, in welche hier die Kirchenschöpfung mit der Weltschöpfung gebracht ist, das τῇ ἰδίᾳ σοφίᾳ καὶ προνοίᾳ κτίσας zu einer bloßen, in den Weltplan Gottes aufgenommenen Vorstellung abzuschwächen. Gegen solch eine Deutung des κτίζειν spricht auch der folgende Relativsatz ἣν καὶ ηὐλόγησεν. Einer nur im Rat bestehenden Kirche kann wohl ein Segen zugedacht, nicht aber, wie es hier heißt, erteilt werden. Wir haben hier also eine wirkliche Schöpfung, eine thatsächliche Segnung der Kirche. Der oben genannte Relativsatz bahnt das weitere Verständnis an; er weist hin auf den Schluß der Schöpfungsgeschichte I. Mos. 1, 28. Daß diese Beziehung richtig ist, bestätigen die nachfolgenden Worte.²) Sie lehnen sich nicht direkt an das Vorhergehende an, sondern sind damit durch eine verschwiegene Zwischenfrage logisch verbunden. „Wie," so konnte Hermas fragen, „um der Kirche willen ist alles geschaffen, und ihr mit dem Segen die Herrschaft über alles verheißen — und doch ist die Welt ihr so feindlich, ihre Herrschaft so wenig verwirklicht?" Dieser Zwischenfrage beugt die Kirche vor: es scheint, als ob du Recht hast, jetzt ist die Verheißung Gottes noch nicht verwirklicht, aber siehe, er wandelt Himmel und Erde und Berge und Hügel und Meere und alles wird seinen Erwählten dienstbar, damit er seine Verheißung, die er ihnen unter der Bedingung, daß sie seine Gebote hielten, gegeben hatte, verwirklicht. Unverkennbar bezieht sich ἐπαγγελία ἣν ἐπηγγείλατο auf das vorhergehende ηὐλόγησεν. Da nun der Inhalt des ersteren sich nach 1. Mos. 1, 28 bestimmt, so muß auch dem andern von dorther sein Inhalt werden. Wir kommen also zu dem Schluß, daß Hermas, wie es auch von Anderen geschieht³), die ersten Menschen als die Repräsentanten der Kirche angesehen hat, und seine Meinung ist die, daß Gott, indem er die ersten Menschen schuf und segnete, die Kirche geschaffen und gesegnet habe, auf die sein ganzer Ratschluß hinausläuft. Hier ist also weder von einer ideellen, noch von einer realen Präexistenz

---

¹) Vergleiche Zahn, Hirt des Hermas. Seite 198.
²) Vis. I, 3, 4: ἰδοὺ μεθιστάνει τοὺς οὐρανοὺς καὶ τὰ ὄρη καὶ τοὺς βουνοὺς καὶ τὰς θαλάσσας καὶ τὰ πάντα ὁμαλὰ γίνεται τοῖς ἐκλεκτοῖς αὐτοῦ, ἵνα ἀποδῷ αὐτοῖς τὴν ἐπαγγελίαν, ἣν ἐπηγγείλατο μετὰ πολλῆς δόξης καὶ χαρᾶς, ἐὰν τηρήσωσιν τὰ νόμιμα τοῦ θεοῦ ἃ παρέλαβον ἐν μεγάλῃ πίστει.
³) Vergl. II. Clemens 14, 2 Οὐκ οἴομαι δὲ ὑμᾶς ἀγνοεῖν ὅτι ἐκκλησία ζῶσα σῶμά ἐστι χριστοῦ (λέγει γὰρ ἡ γραφή) . Ἐποίησεν ὁ θεὸς τὸν ἄνθρωπον ἄρσεν καὶ θῆλυ . τὸ ἄρσεν ἐστὶν ὁ χριστός, τὸ θῆλυ ἡ ἐκκλησία.

der Kirche die Rede. Anders stellt es sich Vis. II, 4.¹) Dort wird ausdrücklich gesagt, daß die Kirche ein aller übrigen Schöpfung vorausgehendes Geschöpf sei. Taucht dieser Gedanke auch nur einmal auf, so darf er darum doch nicht übersehen oder vernachlässigt werden. Hier aber an eine nur im Rat Gottes bestehende Kirche zu denken, geht um deswillen nicht, weil ihr altes Aussehen damit begründet wird, daß sie das älteste aller Geschöpfe ist. Wir müssen also sagen, daß Hermas der Kirche eine reelle Präexistenz zugeschrieben, sie sich ähnlich wie der Verfasser des sogenannten zweiten Clemensbriefes als einen vor der Welt geschaffenen Aeon²) vorgestellt habe. Kombinieren wir die beiden Aussagen Vis I, 4 und Vis II, 4: so erhalten wir die Vorstellung des Clemens, daß die vorweltliche Kirche mit dem Menschen eine Syzygie bilde,³) dahin modifiziert, daß der als Aeon vor der Welt geschaffenen Kirche in dem ersten Menschenpaare ihre erste innerweltliche Darstellung geschaffen und mit dem Segen fruchtbarer Ausdehnung auch die Verheißung gegeben wurde, daß die um ihretwillen geschaffene Welt ihr dienstbar sein solle.

---

¹) Vis. II. 4: ἡ ἐκκλησία .... πάντων πρώτη ἐκτίσθη· διὰ τοῦτο πρεσβυτέρα.

²) II. Clemen. 14, 1: ἐσόμεθα ἐκ τῆς ἐκκλησίας τῆς πρώτης τῆς πνευματικῆς τῆς πρὸ ἡλίου καὶ σελήνης ἐκτισμένης. 14, 2: τὰ βιβλία καὶ οἱ ἀπόστολοι (λέγουσι) τὴν ἐκκλησίαν οὐ νῦν εἶναι ἀλλὰ ἄνωθεν. Vergleiche die jüdischen Apokalypsen, in denen alles, was Wichtigkeit besitzt, als ein Bild himmlischer Äonen, Einrichtungen und Wesen erscheint. Assumpt. Mos. 1, 14: qui ab initio orbis terrarum praeparatus sum, ut sim (sc. Moses) arbiter testamenti illius. Apocal. Bar. 4. Assumpt. Mos. 1, 17. Ähnliches findet sich bei Gnostikern und katholischen Männern des 1. und 2. Jahrhunderts.

³) Vergl. 1. Clem. 14, 2. und die von Valentin und anderen Gnostikern angenommene Syzygie der Menschen und der Kirche.

II.
Die heilsgeschichtliche Offenbarung Gottes.

A. Die Voraussetzungen derselben.

Die heilsgeschichtliche Offenbarung Gottes hat eine doppelte Voraussetzung, eine negative, nämlich das Sündenverderben der Menschen, und eine positive, nämlich die Liebe Gottes.

§ 4. Die Sündenverderbnis.

Der Mensch, dessen Wesensmomente Leib, Seele und Geist sind[1]), ist von Gott gut erschaffen, d. h. ohne Notwendigkeit zur Sünde. Dafür spricht die sittliche Verantwortung, welche der Mensch Gott gegenüber hat, der als der gerechte Richter jedem nach seinen Werken vergelten wird,[2]) dafür ferner, daß Gott, wie wohl er der Schöpfer aller Dinge ist, nicht Urheber des Bösen sein kann, weil er über das Böse zürnt[3]) und alle seine heilsgeschichtliche Offenbarung auf die Ueberwindung und Vernichtung desselben richtet, dafür auch, daß Hermas eine Menschenklasse aufzählt, die er als von Natur gute beschreibt.[4]) Dennoch hält

---

[1]) Hermas ist Trichotomiker, vergl. Vis. I, 1, 9: μετανοήσουσιν αἱ ψυχαὶ αὐτῶν. Mand. IV, 2, 2: ταπεινοῖ τὴν ἑαυτοῦ ψυχήν. Mand. VIII, 10. IX, 2. XI, 2, 7, 8. Sim. I, 8. VI, 1, 1. VI, 2, 1. IX, 18, 5. IX, 26, 3. IX, 28, 2. Vis. I, 2, 4: Πονηρὰ γὰρ βουλὴ καὶ ἔκπληκτος, εἰς πάνσεμνον πνεῦμα καὶ ἤδη δεδοκιμασμένον, ἐὰν ἐπιθυμήσῃ πονηρὸν ἔργον. Vis. III, 8, 9: ἡ ἀνακαίνωσις τῶν πνευμάτων ὑμῶν. Vis. III, 11, 2. III, 13, 2. Vis. III, 9, 3: οἱ μὲν γὰρ ἀπὸ τῶν πολλῶν ἐδεσμάτων ἀσθένειαν τῇ σαρκὶ αὐτῶν ἐπισπῶνται καὶ λυμαίνονται τὴν σάρκα αὐτῶν . . . . διαφθείρεται τὸ σῶμα αὐτῶν. Vis. III, 11, 4. Mand. III, 1. IV, 1, 9. X, 2, 6.

[2]) Sim. VI, 3, 6: λέγοντες ὅτι δίκαιος κριτής ἐστι καὶ δικαίως ἔπαθεν ἕκαστος κατὰ τὰς πράξεις αὐτοῦ.

[3]) Vis I, 1, 6: ὁ θεὸς . . . ὀργίζεταί σοι ὅτι ἥμαρτες.

[4]) Sim. IX, 29, 1: ὡς νήπια βρέφη εἰσίν, οἷς οὐδεμία κακία ἀναβαίνει ἐπὶ τὴν καρδίαν, οὐδὲ ἔγνωσαν τί ἐστι πονηρία, ἀλλὰ πάντοτε ἐν νηπιότητι διέμειναν. IX, 30, 3: felix hoc genus, quia innocuum est. IX, 31, 2: hoc enim genus innocuum benedixit dominus.

er die Sünde für eine allgemeine Krankheit der Menschen, was aus der allgemeinen Bestimmung der Erlösung erhellt.¹) Auch die naturguten Menschen bedürfen derselben, sie sind nicht absolut sündlos, sie sind, wenn auch nur ein wenig, so doch immerhin aus der Wahrheit gefallen,²) und im Grunde besteht ihre gute Natur nur darin, daß sie, wenn sie der Versuchung des Teufels erlegen und etwas Böses gethan haben, sich sofort wieder zu Gott³) bekehren.

Welches ist nun die Wurzel der allgemeinen Krankheit? Müssen wir mit Rücksicht auf die sittliche Verantwortung des Menschen behaupten, daß die Sünde nicht ein notwendiger Ausfluß der von Gott geschaffenen Menschennatur ist, so kann sie ihren Ursprung nur in dem menschlichen Willen haben.⁴) Eine Mitschuld an dem Bösen in der Menschenwelt hat die böse Geisterwelt. Nicht bloß der Teufel,⁵) auch niedere Geister, wie der Engel der Bosheit,⁶) der Engel der Verführung und Schwelgerei⁷) und jene schwarzgekleideten Weiber⁸) richten unausgesetzt ihre Wirksamkeit auf das sittliche Verderben der Menschen, versuchen ihn, erwecken in ihm die böse Lust und treiben ihn zu bösen Handlungen. Doch ist der Einfluß des Teufels und der bösen Geisterwelt kein unbedingter, kein unwiderstehlicher. Der Teufel hat keine Gewalt, er ist wie die erschlaffte Sehne eines Toten, er flieht, besiegt

---

¹) Vis. IV, 2, 4. Sim. IX, 12, 4.

²) Sim. IX, 30, 4 divitiae suae eos pusillum obscuraverunt a veritate atque obfuscaverunt.

³) Sim. IX, 31, 2: etenim licet quis eorum temptatus a nequissimo diabolo aliquid deliquerit, cito recurret ad dominum suum.

⁴) Vis. I, 1, 8: οἱ δὲ πονηρὰ βουλευόμενοι ἐν ταῖς καρδίαις αὐτῶν. Vis. I, 2, 4: ἔστιν μὲν τοῖς δούλοις τοῦ θεοῦ ἡ τοιαύτη βουλὴ ἁμαρτίαν ἐπιφέρουσα.

⁵) Mand. IV, 3, 4: ἐγὼ τὴν ἀσθένειαν τῶν ἀνθρώπων καὶ τὴν πολυπλοκίαν τοῦ διαβόλου, ὅτι ποιήσει τι κακὸν τοῖς δούλοις τοῦ θεοῦ καὶ πονηρεύσεται εἰς αὐτούς. Mand. XII, 2, 2. IX, 9. XII, 5.

⁶) Mand. VI, 2, 1. 5, 7: δύο εἰσὶν ἄγγελοι μετὰ τοῦ ἀνθρώπου, εἷς τῆς δικαιοσύνης καὶ εἷς τῆς πονηρίας . . . . . ὅταν ὀξυχολία σοί τις προσπέσῃ ἢ πικρία, γίνωσκε ὅτι αὐτός ἐστιν ἐν σοί . . . . . ἐὰν γὰρ ᾖ τις πιστότατος ἀνὴρ, καὶ ἡ ἐνθύμησις τοῦ ἀγγέλου τούτου ἀναβῇ ἐπὶ τὴν καρδίαν αὐτοῦ, δεῖ τὸν ἄνδρα ἐκεῖνον ἢ τὴν γυναῖκα ἐξαμαρτῆσαί τι.

⁷) Sim. VI, 2, 1: οὗτος ἄγγελος τρυφῆς καὶ ἀπάτης ἐστίν. οὗτος ἐκτρίβει τὰς ψυχὰς τῶν δούλων τοῦ θεοῦ καὶ καταστρέφει αὐτοὺς ἀπὸ τῆς ἀληθείας, ἀπατῶν αὐτοὺς ταῖς ἐπιθυμίαις ταῖς πονηραῖς, ἐν αἷς ἀπόλλυνται.

⁸) Sim. IX, 13, 8: ἀνεπείσθησαν ὑπὸ τῶν γυναικῶν . . . . ταύτας ἰδόντες ἐπεθύμησαν αὐτῶν, καὶ ἐνεδύσαντο τὴν δύναμιν αὐτῶν. Vergl. IX, 9, 5. IX, 13, 3. IX, 20, 4.

und beschämt[1]), sobald man ihm widersteht. Wo dies nicht geschieht, wird der Mensch sein willenloses Werkzeug, sein vollständiger Sklave.[2]) Alle Sünde hält Hermas daher für das Produkt einer doppelten Ursache, der satanischen Versuchung und Einwirkung und der menschlichen Entscheidung und Einwilligung. Ob er eine Erbsünde angenommen hat? Wenn er von den neugebornen, unmündigen Kindern nicht blos sagt, daß sie die das menschliche Leben verderbende Sünde nicht kennen,[3]) sondern sogar auch, daß in ihr Herz keine Sünde gekommen ist,[4]) wenn er ferner an jenen naturguten Menschen nur Thatsünden und zwar nur unter dem Einfluß satanischer Versuchung zustande gekommene Schwachheitssünden auszusagen weiß,[5]) so scheint er der Lehre von der Erbsünde abhold gewesen zu sein. Für eine Annahme der Erbsünde scheint zu sprechen die als ganz allgemein vorausgesetzte ἀσθένεια τῶν ἀνθρώπων,[6]) infolge deren die Menschen und zwar auch die von Natur guten Menschen den listigen Anläufen des Teufels erliegen. Jene ἀσθένεια τῶν ἀνθρώπων kann keine anerschaffene sittliche Schwäche der Menschen sein, dann dürfte die Sünde nicht, wie Hermas es thut, mit Schuld verknüpft werden; sie kann also nur eine erworbene Beschaffenheit sein, es bleibt aber fraglich, ob durch Erbschaft oder durch eigenes Sündigen erworben. Wenn wir nun einerseits die Allgemeinheit jener ἀσθένεια beachten und andererseits sehen, daß der im Zustand fortgesetzter Sünde sich befindende Mensch als φθαρτὸς καὶ πλήρης ἁμαρτιῶν[7]) erscheint, so dürfte die ἀσθένεια τῶν ἀνθρώπων als die durch Erbschaft erlangte Sünde zu fassen sein. Demnach wäre die Sündlosigkeit der neugebornen Kinder und der von Natur guten Menschen nur relativ zu verstehen.

---

[1]) Mand. XII, 4, 6: μὴ φοβήθητε τὸν διάβολον, ὅτι ἐν αὐτῷ δύναμις οὐκ ἔστιν καθ᾽ ὑμῶν ... μὴ φοβήθητε οὖν αὐτόν, καὶ φεύξεται ἀφ᾽ ὑμῶν. Mand. XII, 5, 2: Οὐ δύναται καταδυναστεύειν τῶν δούλων τοῦ θεοῦ τῶν ἐξ ὅλης καρδίας ἐλπιζόντων ἐπ᾽ αὐτόν. δύναται ὁ διάβολος ἀντιπαλαῖσαι, καταπαλαῖσαι δὲ οὐ δύναται. Mand. XII, 6.
[2]) Mand. XII, 5, 4: ἔρχεται οὖν τότε πρὸς τοὺς ἀποκένους, καὶ ἔχων τόπον εἰσπορεύεται εἰς αὐτούς, καὶ ὃ δὲ βούλεται ἐν αὐτοῖς ἐργάζεται, καὶ γίνονται αὐτῷ ὑπόδουλοι.
[3]) Mand. II, 1: ἔσῃ ὡς τὰ νήπια τὰ μὴ γιγνώσκοντα τὴν πονηρίαν τὴν ἀπολλύουσαν τὴν ζωὴν τῶν ἀνθρώπων.
[4]) Sim. IX, 29, 1: ὡς νήπια βρέφη εἰσίν, οἷς οὐδεμία κακία ἀναβαίνει ἐπὶ τὴν καρδίαν. Vergl. IX, 29, 3: ἔσετε ὡς τὰ βρέφη, κακίαν μὴ ἔχοντες.
[5]) Sim. IX, 31, 2.
[6]) Mand. IV, 3, 4.
[7]) Sim. IX, 23, 4.

Das Wesen der Sünde besteht in einer Abwendung von dem lebendigen Gott,[1]) in einer verkehrten Willensrichtung,[2]) die schließlich in ein Nichterkennen[3]) und Vergessen Gottes[4]) ausläuft, also ein Zustand der Thorheit und des Unverstandes ist.[5]) Wird dieser Zustand in den mannigfachsten Formen der bösen Lust und der bösen Werke actuell, so erweist er sich als Ungehorsam gegen Gott,[6]) der sich nach erfahrener und verachteter Gnade zur Lästerung Gottes, zur Sünde gegen den heiligen Geist steigert[7]) und einen sittlichen Zustand erzeugt, der durch und durch geistlicher Tod ist.[8]) Die Folge der Sünde ist der Zorn Gottes,[9]) die Herrschaft des Todes,[10]) die Knechtschaft des Teufels,[11]) zeitliches Übel,[12]) endlich ewiges Verderben.[13]).

§ 5. Die Liebe Gottes.

Diese Folgen der Sünde will Gottes Liebe abwenden. Sie ist die andere Voraussetzung der heilsgeschichtlichen Offenbarung. Möglich ist die Rettung der Menschheit nur, weil Gott die Liebe ist.[14]) Diese Liebe Gottes wird durch kein menschliches Verdienst[15]) zur Offenbarung getrieben, sie hat ihr subjektives Motiv an dem freien Gedankenwillen Gottes,[16]) ihr objektives an dem Erlösungswerke seines Sohnes.[17]) Das Erbarmen über seine Schöpfung trieb Gott zur Sendung seines Sohnes,

---

[1]) Vis. III, 7, 2: οὗτοί εἰσιν οἱ εἰς τέλος ἀποστάντες τοῦ θεοῦ τοῦ ζῶντος. Vergl. Vis. I. 4, 2: τοῖς ἔθνεσιν καὶ τοῖς ἀποστάταις. Sim. VIII, 6, 4.
[2]) Vergl. Vis. I, 1, 8, Sim. IX, 31. Vis. II. 3, 2.
[3]) Sim. IV, 4, 4: τὰ δὲ ἔθνη καυθήσονται, ὅτι οὐκ ἔγνωσαν τὸν κτίσαντα αὐτούς.
[4]) Sim. VI. 2, 2. VI, 4, 2.
[5]) Vergl. Mand. V, 2, 4 und Mand. IV, 2, 2, 3.
[6]) Darauf führen die Benennungen der Sünde als παράβασις, παράπτωμα, ἀνομία, sowie daß der Glaube als Gehorsam gefaßt wird.
[7]) Vis. II, 2, 2.
[8]) Sim. XI, 16, 2, 3.
[9]) Vis. I, 1, 6.
[10]) Vis. I, 1, 8. Mand. IV, 1, 2. Mand. XII, 2, 3. XII, 1, 3.
[11]) Mand. XII, 5.
[12]) Sim. VI, 3, 3, 6. VII.
[13]) Sim. VI, 2, 4.
[14]) Mand. IX.
[15]) Mand. IV, 3, 4, 5,
[16]) Sim. VIII, 6. Vis. II, 2, Sim. IX, 14.
[17]) Sim. VIII, 11. cf. VIII, 2.

zur Stiftung seiner Kirche; das Erbarmen über seine entartete Kirche, deren Fall er als der Herzenskundige und Allwissende vorausgesehen hatte, trieb ihn, sein Erlösungswerk zu vollenden und eine zweite Bekehrung verkündigen zu lassen.[1])

B. Die Realisierung des Heilsplanes Gottes.

§ 6. Das Ziel der heilsgeschichtlichen Offenbarungen Gottes.

Durch seine heilsgeschichtlichen Offenbarungen will Gott die sündige Menschheit zur heiligen Kirche heranbilden. Wie sich nach der Idee Gottes die Kirche gestalten soll, wird dem Hermas durch einen bildlichen Vorgang in der dritten Vision gezeigt.

Myriaden von Engeln bringen teils aus dem Wasser geholte, teils vom Lande entnommene Steine herbei, welche, wenn sie weiße, kubische Gestalt haben, oder erst zu derselben geformt sind, von sechs Engeln im Auftrage der die Kirche darstellenden Frau zu einem auf Wasser sich gründenden und aus demselben sich erhebenden Thurm verbaut werden, der nach seiner Vollendung wie aus einem Stein geschaffen erscheint. Dieser Thurm ist die Kirche, d. h. die innerweltliche Verleiblichung der präexistenten, idealen Kirche. Das spricht die Frau, welche dem Hermas Vis. II, 4, 1 als ἡ Ἐκκλησία genannt worden ist, selbst aus, wenn sie sagt: ὁ μὲν πύργος ὃν βλέπεις οἰκοδομούμενον, ἐγώ εἰμι ἡ Ἐκκλησία ἡ ὀφθεῖσά σοι καὶ νῦν καὶ τὸ πρότερον.[2]) Der Thurm ist auf dem Wasser erbaut, weil das Leben der Menschen durch Wasser gerettet ist und gerettet wird. Unter diesem rettenden Wasser kann nur die Taufe verstanden werden. Die Taufe ist also als das Fundament der Kirche bereitet. Das ist von Christo geschehen, als er die Taufe einsetzte. Dies liegt in den Worten: „τεθεμελίωται δὲ ὁ πύργος τῷ ῥήματι τοῦ παντοκράτορος καὶ ἐνδόξου ὀνόματος.[3]) Hier an die christliche Predigt zu denken,[4]) wird durch das Perfekt τεθεμελίωται verboten, welches eine vollendete Thatsache fordert, während die christliche Predigt andauert. Durch die christliche Predigt werden die Glieder der Kirche gesammelt; sie hat ihre bildliche Darstellung in der Thätigkeit der Myriaden Engel. Ferner muß in den beiden ganz eng verbundenen

---

[1]) Mand. IV, 3.
[2]) Vis. III, 3, 3.
[3]) Vis. III, 3, 5.
[4]) Vergl. Zahn, Hirt des Hermas, Seite 196.

Sätzen — τεθεμελίωται δὲ ὁ πύργος τῷ ῥήματι τοῦ παντοκράτορος καὶ ἐνδόξου ὀνόματος, κρατεῖται δὲ ὑπὸ τῆς ἀοράτου δυνάμεως τοῦ δεσπότου — das gleiche logische Subjekt gefordert werden. Das Subjekt von κρατεῖται ist aber Christus. Durch den Taufbefehl hat Christus, als er noch auf Erden weilte, den Bau der Kirche begründet; nachdem er der Erde entrückt ist, erhält er den auf die Taufe sich gründenden Bau der Kirche durch seine unsichtbare, aber allgegenwärtige Kraft. Das ist der Sinn dieser Stelle.

Die zum Bau verwandten Steine stellen alle rechtschaffenen Christen dar, mögen sie Apostel oder Bischöfe, Lehrende oder Lernende, Alte oder Junge, Entschlafene oder Lebende, durch Martyrium oder durch rechten Wandel bewährt sein. Alle die getauft sind, die in der Taufe empfangene Gnade rein bewahrt und bewährt haben, bilden die ideale Kirche. Ausgeschlossen sind alle, welche in irgend einer Weise mit der Welt noch verflochten sind, mögen sie getauft sein oder nicht, mögen sie Buße thun wollen oder sich derselben verschließen. Die innigste Gemeinschaft aller Getauften und durch heiliges Leben Bewährten im Glauben unter einander wie mit ihrem unsichtbaren Herrn — ein Herr, ein Glaube, eine Taufe, ein Leib —: das ist das Bild der idealen Kirche, wie es von Hermas in der dritten Vision geschaut wird, das ist das Ziel, worauf Gottes Weltplan hinausläuft. Ist dies Ziel erreicht, dann hat die präexistente Kirche die ihr homogene, innerweltliche und vollkommene Darstellung erlangt.

Wir fragen jetzt nach dem, was zur Erreichung dieses Zieles nach Eintritt der Sünde in die Menschenwelt geschehen ist. Göttliche und menschliche Thätigkeit haben darauf hin zusammengewirkt. Wir suchen zunächst die objektive Verwirklichung, wie sie sich in den göttlichen Erlösungsthaten und in dem Leben der Kirche vollzieht, zu ermitteln.

I. Die objektive Verwirklichung des Heilsplanes Gottes.

1. Die Vorbereitung.

§ 7.

Die christliche Kirche verdankt ihre Entstehung dem Liebeswollen des allmächtigen Gottes, sie wird gerade zu eine ποίησις τοῦ θεοῦ genannt,[1] und die Kirchenstiftung wird wiederholt mit der Weltschöpfung

---

[1] Mand. IV, 3, 5.

in Parallele gestellt.¹) Mittelbar erscheint die Kirche als Schöpfung Gottes Sim. VIII, 2²). Der von Gott geschaffene Baum bedeutet zwar nicht die Kirche, sondern das ihr innewohnende Gesetz, welches der Sohn Gottes ist. Aber dadurch daß Gott dies der Kirche immanente Lebensprinzip schuf, wurde er auch Schöpfer der Kirche, denn „eben dieses Hineinsetzen des zu verkündigenden Sohnes Gottes in die Welt ist die Stiftung der Gemeinde, welche eine neue Schöpfung nur insofern ist, als sie den zu diesem Behuf in die Welt gesetzten Sohn Gottes infolge der Predigt in sich trägt."³) Hauptsächlich ist hier das fünfte Gleichnis in betracht zu ziehen, wenn dasselbe zunächst auch zu einem andern Zweck als zur Wiedergabe seiner theologischen und christologischen Gedanken von Hermas ersonnen ist. Nach diesem Gleichnis,⁴) auf dessen christologische Anschauungen wir hier nicht eingehen, weil diese eine sorgfältige Erörterung in einem besonderen Abschnitt fordern, pflanzte ein Mann einen Weinberg, den er einem treuen und erprobten Knecht zur Umzäunung übergab. Der Knecht that mehr als ihm aufgetragen war. Dafür wurde er zum Miterben des Sohnes angenommen. Nach der Deutung ist der Herr des Weinbergs der Schöpfer aller Dinge.⁵) Der Weinberg ist dieses Volk,⁶) d. h. die Christenheit. Die Pflanzung des Weinberges bedeutet die Bereitung der Christenheit. Man kann darüber streiten, wann Gott dies Volk geschaffen habe,⁷) aber nimmermehr kann man hier das israelitische Volk genannt finden.⁸) Dies Volk bedeutet die Christenheit, nicht zwar nur wie sie zur Zeit des Hermas war, sondern ganz allgemein, und es wird nur gesagt, daß Gott an ihrer Bereitung einen wesentlichen Anteil habe. Worin diese Bereitung bestand, wird nicht gesagt. Daß sie sich in der Thätigkeit des Täufers vollzogen habe,⁹) ist unwahrscheinlich, da einmal nicht alle Jünger des Johannes zum Herrn übergingen und zum andern durch

---

¹) Vergl. Vis. I, 3. III, 2, 3.
²) Sim. VIII, 2, 9: ὁ γὰρ κτίσας τὸ δένδρον τοῦτο θέλει πάντας ζῆν τοὺς λαβόντας ἐκ τοῦ δένδρου τούτου κλάδους.
³) Vergl. Zahn, Hirt des Hermas, Seite 197.
⁴) Sim. V, 2.
⁵) Sim. V, 5, 2.
⁶) Ebenda.
⁷) Vergl. Harnack zu dieser Stelle, seine Anmerkung zu II. Clemens 1, 2 und Zeitschrift für Kirchengeschichte T. I, fasc. III, über den sogenannten zweiten Brief des Clemens.
⁸) Vergl. Zahn, Hirt des Hermas, Seite 249.
⁹) So Zahn, Seite 250.

seine Wirksamkeit nur auf einen kleinen Teil des israelitischen Volkes Einfluß geübt ward, während hier doch die Bereitung der ganzen Menschheit gemeint ist. Hermas wird hier die allgemeine Pädagogie Gottes im Auge gehabt haben, durch welche das Heilsverlangen unter allem Volk erweckt ward und welche seit der Weltschöpfung resp. seit dem mißglückten Plan, die vorweltliche Kirche real darzustellen, anhob und durch alle Zeiten sich hindurch zog. Diese Zubereitung der Menschheit auf das kommende Heil ist also die erste Thätigkeit Gottes zur Verwirklichung seiner idealen Kirche.

Gott thut aber noch mehr. Der Weinberg wird einem treuen Knechte übergeben, d. h. die für das Heil zubereitete Menschheit wird einem durch Frömmigkeit ausgezeichneten Menschen übergeben, daß er sie zu einer in sich geschlossenen Gemeinschaft heranbilde und gegen die ungläubige Völkerwelt abgrenze. Dieser Mensch ist von Gott dazu geschaffen[1]) und in besonderer Weise ausgerüstet.[2]) Es soll hier noch unerörtert bleiben, wer dieser Mensch gewesen, wie er von Gott ausgerüstet, ob es der fleischgewordene ewige Sohn Gottes oder nur ein mit dem heiligen Geiste ausgerüsteter Mensch gewesen ist. Hier kommt es nur darauf an, zu zeigen, daß Gott eine besondere Persönlichkeit schafft, dieselbe besonders ausrüstet, ihr besondere Aufträge giebt und nach Erfüllung derselben besondere Ehre und Macht und Rechte verleiht. Die Bereitung und Ausrüstung dieser Persönlichkeit ist ein weiterer Schritt Gottes zur Verwirklichung seiner idealen Kirche.

2. Die Verwirklichung des Heils durch den Mittler Gottes.[3])

Ueber keine der im Hirten niedergelegten Anschauungen sind die Ansichten der Gelehrten so zwiespaltig als über die Christologie. Richtige Andeutungen sind in den verschiedensten theologischen Werken und Zeitschriften zerstreut, aber eine genügende Darstellung hat die Christologie noch nicht gefunden. Wir wollen dieselbe hier versuchen.

---

[1]) Vergl. Sim. VIII, 2, 9.
[2]) Sim. V, 6, 5.
[3]) Vergleiche Gieseler, Kirchengeschichte T. I, 1, Seite 152 f. Baur, Lehre von der Dreieinigkeit, Seite 135. Schwegler, Montanismus, Seite 159. Nachapostolisches Zeitalter T. I, Seite 341. Schliemann, Die Clementinen, Seite 423. Dorner, Entwickelungsgeschichte, Seite 197. Hellwag in theolog. Jahrbücher 1848, Seite 230. Hilgenfeld, App. V. V. Seite 145 f., 166 f. Zeitschrift für wissenschaftliche Theologie 1858, Seite 431. Gaab, Hirt des Hermas. Lipsius, Zeitschrift für wissenschaftliche Theologie 1865, Seite 277, 1869, Seite 273. Zahn, Hirt des Hermas. Jahrbücher für die Theologie 1870, S. 201. Nitzsch, Dogmengesch. I., Seite 190.

a) Die Person Christi.

§ 8. Die menschliche Seite seines Wesens.

Nach dem fünften Gleichnis, in dem allein von der geschichtlichen Erscheinung des Mittlers ausführlicher gehandelt wird, erscheint derselbe als wahrer und heiliger Mensch. Zwar findet sich dort nicht das Wort ἄνθρωπος, sondern σάρξ, daß aber unter σάρξ nicht ein bloßer Leib[1]) zu verstehen ist, sodaß Hermas doketisch über die Erscheinung des Mittlers gedacht hätte, sondern daß mit σάρξ die ganze menschliche Persönlichkeit derselben nach allen ihren wesentlichen Bestimmtheiten bezeichnet wird, unterliegt keinem Zweifel und wird jetzt allgemein anerkannt.[2])

Diese σάρξ ist ein heiliger Mensch, aller Thatsünden baar. Das ergiebt sich sowohl daraus, daß die σάρξ nach Empfang des heiligen Geistes sich den Anforderungen desselben vollkommen gehorsam erwiesen und ihn nicht im mindesten betrübt hat,[3]) als besonders daraus, daß Hermas die σάρξ von Gott zum Wohnsitz des heiligen Geistes erwählt werden und in Gemeinschaft mit dem heiligen Geiste das Versöhnungswerk vollbringen läßt, ohne daß er eine Vergebung ihrer eigenen Sünden und einer notwendigen Versöhnung derselben mit Gott Erwähnung thut. Ob Hermas diese σάρξ auch frei von der Erbsünde gedacht hat, bleibt zweifelhaft; es ist möglich, weil er die Erbsünde überhaupt zu leugnen scheint. Daß er die σάρξ wegen ihrer Sündlosigkeit und Heiligkeit auf eine übernatürliche Zeugung zurückgeführt habe, verrät er durch nichts. Sie ist einer jener naturguten Menschen, welche nie erfahren haben, was Sünde ist.

§ 9. Ist der Mensch Jesus der Sohn Gottes?

Ist diese σάρξ nun der Mensch gewordene Sohn Gottes, die Incarnation der zweiten göttlichen Hypostase? Zur Begründung dieser Behauptung kann nur der Umstand angeführt werden, daß der Knecht im fünften Gleichnis beharrlich Sohn Gottes genannt wird. Aber aus der einfachen Benennung des Knechts als Sohn Gottes folgt durchaus nicht, daß er der Mensch gewordene Sohn Gottes ist, der vor der Welt ewig bei Gott war. So konnte er anticipierend genannt werden und

---

[1]) So Dorner.
[2]) Vergl. Zahn a. a. Ort, Seite 255. Hilgenfeld, Zeitschrift für wissenschaftliche Theologie 1858, Seite 434 f. und Lipsius a. a. Ort 1865, Seite 277: Die σάρξ oder der Mensch Jesus.
[3]) Sim. V, 6.

deshalb, weil er den Sohn Gottes d. i. den heiligen Geist während seines irdischen Lebens in sich trug; so endlich auch um deswillen, weil in der Zeit, in welcher Hermas die Offenbarungen empfing, der Knecht schon zum Sohne Gottes erhoben war. Es kommt hinzu, daß in dem fünften Gleichnis von dem Verhalten des Knechtes nicht blos während der Zeit, in welcher er der Erde angehört,[1]) gesprochen wird, sondern von seinem Verhalten, das er bis zur Wiederkunft des Herrn, also bis zum Weltende an den Tag legt. Wie er das Werk des Knechtes als ein vollendetes im Geiste schaut, so schaut er anticipierend auch den Knecht in der Erhöhung. Dort, wo es ihm darauf ankommt, den Anstoß, der dadurch gegeben ist, daß der Sohn Gottes Knecht ist, zu beseitigen, nennt er ihn Sohn Gottes; daß er dies aber an sich sei, sagt er nirgends; sondern indem er den gegebenen Anstoß dadurch zu beseitigen sucht, daß er sagt, er ist nicht zum Stande eines Knechtes bestimmt, sondern zu großer Macht, und daß er ein Herr ist, nachdem er die Macht vom Vater empfangen hat:[2]) deutet er doch an, daß er erst geworden was er ist, nämlich Sohn Gottes. Wo es ihm dagegen darauf ankommt, zu zeigen, aus welchem Grunde er zu dieser Machtstellung gelangt ist, nennt er ihn nicht Sohn Gottes, sondern einfach σάρξ.

So wenig für die Annahme spricht, jene σάρξ sei der Sohn Gottes, so viel mehr spricht dagegen. Zunächst deutet Hermas durch nichts an, daß ihm jener Mensch, in dem Gott den heiligen Geist ansiedelte, ein ganz bestimmter Mensch gewesen sei, noch viel weniger, daß er ihn für etwas anderes als die übrigen Menschen gehalten habe. Hätte er in der σάρξ den Mensch gewordenen Sohn Gottes gesehen, dann hätte er es nicht so artikellos gebrauchen dürfen, wie er es thut.[3]) Dazu kommt, daß der Knecht im fünften Gleichnis so geschildert wird, daß man durchaus keinen wesentlichen Unterschied zwischen ihm und den übrigen Christen erkennen kann.[4]) Dazu kommt ferner, daß Hermas

---

[1]) Sim. V, 5, 3: ἡ δὲ ἀποδημία τοῦ δεσπότου, ὁ χρόνος περισσεύων εἰς τὴν παρουσίαν αὐτοῦ. Vergl. Harnad zu der Stelle. Censet enim Hermas, opus Christi tum demum perfectum iri, ubi hoc saeculum finitum erit. Itaque consulto scripsit, τὴν ἀποδημίαν τοῦ δεσπότου esse τὸν χρόνον τὸν περισσεύοντα εἰς τὴν παρουσίαν.

[2]) Sim. V, 5, 4; 6, 1, 4.

[3]) Sim. V, 6, 5: τὸ πνεῦμα τὸ ἅγιον τὸ προόν ... κατῴκισεν ὁ θεὸς εἰς σάρκα ἣν ἠβούλετο.

[4]) Vergl. Zahn, Hirt des Hermas, Seite 254: Der Knecht erscheint ganz in denselben Ausdrücken, wie sonst die Christen, als ein vom h. Geist inspirierter Mensch.

durch nichts verrät, daß er das Wort ὁ λόγος σὰρξ ἐγένετο gekannt[1]) oder gar gebilligt habe. Zwar hat man einige Stellen herangezogen, aus denen die Vertrautheit des Hermas mit der Logoslehre folgen solle, aber bei näherer Betrachtung verlieren sie alle Beweiskraft. Unter den aufgeführten Stellen verdient allein Sim. IX, 12 einige Beachtung.[2]) Hier handelt es sich allerdings um die Offenbarung des präexistenten Sohnes Gottes, aber gleichviel ob unter dem sich offenbarenden Sohne Gottes die zweite oder die dritte Hypostase des göttlichen Wesens zu verstehen ist — die Incarnation einer göttlichen Hypostase kann aus dem einfachen φανερὸς ἐγένετο nicht geschlossen werden. Da nun aber der Sohn Gottes, der als die einzige Thür in's Reich Gottes dargestellt d. h. als der alleinige Mittler zwischen Gott und Menschen genannt wird, in der Gegenwart unstreitig Christus ist, was daraus erhellt, daß nur die auf seinen Namen Getauften und seinen Namen Tragenden in's Reich Gottes gelangen, so muß sich der ewige Sohn Gottes in dem Menschen Jesus Christus geoffenbart und mit ihm vereinigt haben. Diese Offenbarung und Vereinigung des Sohnes Gottes mit dem Menschen Jesus Christus ist aber, wie das fünfte Gleichnis zeigt, keine incarnatio, sondern nur eine inhabitatio divini, deren Anfang nicht mit der Geburt Jesu, sondern erst mit seiner Taufe durch Johannes gesetzt werden kann. Wir halten demnach dafür, daß jene σάρξ, zu welcher der heilige Geist hinzukommt, von Hermas nicht als die Incarnation des λόγος gedacht ist.

§ 10. Der präexistente Sohn Gottes ist dem Hermas identisch mit dem heiligen Geiste.

Die σάρξ des fünften Gleichnisses kann gar nicht der Mensch gewordene Sohn Gottes sein, weil Hermas den Sohn Gottes und den heiligen Geist, welchen Gott in der σάρξ ansiedeln läßt, identificirt. Von dem heiligen Geiste, der ewig ist, nicht geschaffen, sondern gezeugt

---

[1]) In Vis. I, 3, 4 ist, wie wir schon gesehen haben, keine Anspielung auf den Logos zu finden; τὸ ῥῆμα ist hier das schöpferische Wort Gottes, auf das hin alles in's Leben tritt. Daß bei ἰδίᾳ σοφίᾳ nicht an das alexandrinische Theologumenon von der Weisheit zu denken ist, wird auch von Zahn und Anderen anerkannt. Auch in den Worten der dritten Vision τεθεμελίωται δὲ ὁ πύργος τῷ ῥήματι τοῦ παντοκράτορος .... ist keine Logoslehre enthalten, da diese Stelle auf den Taufbefehl des Herrn zu deuten ist.

[2]) Sim. IX, 12, 3 ... ὅτι ἐπ' ἐσχάτων τῶν ἡμερῶν τῆς συντελείας φανερὸς ἐγένετο, διὰ τοῦτο καινὴ ἐγένετο ἡ πύλη.

vor aller Creatur, welcher vielmehr selbst alles geschaffen hat[1]) und mit Gott über seine σάρξ zu Rate sitzt,[2]) wird in nicht mißverständlichen Worten gesagt, er sei der Sohn Gottes.[3]) Man hat sich dieser Consequenz entziehen wollen, indem man deutete, der heilige Geist, welcher in der Gestalt der Kirche mit Hermas redete und von dem gesagt werde, er sei der Sohn Gottes, sei nicht der heilige Geist schlechthin, sondern nur ein heiliger Geist.[4]) Daß aber diese Interpretation unhaltbar ist, hat Harnack treffend bewiesen.[5])

Mit den Worten ἐκεῖνο γὰρ τὸ πνεῦμα ὁ υἱὸς τοῦ θεοῦ ἐστίν, welche von dem Vorhergehenden durch ein Punktum zu trennen sind, beginnt die Erklärung, denn gehörte es eng mit demselben zusammen, so müßte man ἦν statt ἐστίν erwarten. Der Hirt erkärt also dem Hermas ausdrücklich, jener Geist, welcher durch Vermittlung der Kirche dir Offenbarungen gegeben hat, ist der Sohn Gottes; und um dem Hermas die Einheitlichkeit aller Offenbarungen darzuthun, fügt er hinzu, in einem früheren Stadium hat freilich der Sohn Gottes dir noch nicht so unmittelbar wie jetzt Offenbarungen gegeben, aber nachdem du durch den heiligen Geist, nämlich den heiligen Geist, welcher Sohn Gottes ist, in der Erkenntnisfähigkeit gestärkt bist, erhältst du Offenbarungen durch einen Engel von wegen eben desselben Geistes d. i. des Sohnes Gottes. Der heilige Geist ist es also, der ihm die Offenbarungen zukommen läßt, das eine Mal durch die Kirche, das andere Mal durch den

---

[1]) Vergl. Sim. V, 6, 5: τὸ πνεῦμα τὸ ἅγιον τὸ προόν, τὸ κτίσαν πᾶσαν τὴν κτίσιν.
[2]) Vergl. Sim. V, 6, 4, 7.
[3]) Sim. IX, 1: ἐκεῖνο γὰρ τὸ πνεῦμα ὁ υἱὸς τοῦ θεοῦ ἐστίν.
[4]) Vergl. Zahn, Hirt des Hermas, Seite 279: „Daß hier nicht etwa der Glaubenssatz von der Identität des heiligen Geistes und des Sohnes Gottes vorgetragen werden soll, zeigt schon das ἐκεῖνο τὸ πνεῦμα, welches auch dem Artikel vorher die nähere Bestimmung giebt, daß er nicht den heiligen Geist schlechtweg als den Einzigen, Bekannten bezeichnen soll, sondern den heiligen Geist, welcher mit Hermas geredet hat." Vergl. Dorner a. a. Ort 192. Wie wohl er mit Rücksicht auf Sim. IX, 12, Vis. 3, 8, Mand. V, 1, Sim. V, 7 zugestehen muß, es könne den Schein erwecken, als sei dem Hermas der heilige Geist noch zurückgehalten in der Person Christi und noch nicht bestimmt von ihm unterschieden, so verwirft er doch die Ansicht, als sei der heilige Geist der Sohn Gottes und trete an dessen Stelle, und behauptet, vielmehr ist die Sache diese, der Sohn ist ihm auch ein spiritus. Aber Hermas sagt nicht ὁ υἱὸς τοῦ θεοῦ πνεῦμά τι oder πνεῦμα ἅγιον, so daß das Geistsein prädicative Bestimmung des Sohnes wäre, sondern er sagt, τὸ πνεῦμα τὸ ἅγιόν ἐστιν ὁ υἱὸς τοῦ θεοῦ, sodaß das Sohnsein prädicative Bestimmung des heiligen Geistes ist.
[5]) A. a. Ort: Haec interpretatio nullo modo ferri potest; Hermas enim non scripsit: ὅσα σοι ἔδειξε τὸ πνεῦμα τοῦτο τὸ καλῆσαν vel ἐκεῖνο τὸ ἅγιον πνεῦμα, sed nude τὸ πνεῦμα τὸ ἅγιον.

Hirten, und der die Offenbarungen veranlassende heilige Geist ist der Sohn Gottes.

Auch im fünften Gleichnis wird der heilige Geist Sohn Gottes genannt und zwar nicht bloß im Bilde, sondern auch in der Erklärung.[1]) Man hat sich hier dadurch zu helfen gesucht, daß man behauptete, nur wo ein Stück des Gleichnisses zur Deutung vorgelegt werde, hieße es ὅτι δὲ ὁ κύριος σύμβουλον ἔλαβε τὸν υἱὸν αὐτοῦ.[2]) Daß diese Worte aber nicht ein zur Deutung vorgelegtes Stück des Gleichnisses sind, sondern ein integrierender Theil der Deutung selbst, liegt auf der Hand. Hermas erklärt hier ja nicht, wer der Herr und sein Sohn und die Engel seien, sondern er spricht von dem Akt der Erhöhung des Menschen Jesus. Zu diesem Akt zog der Herr seinen Sohn hinzu und mit ihm die sechs obersten Engel. Seinen Sohn konnte er deshalb hinzuziehen, weil er in dem Menschen Jesus gewohnt hat, und die Engel, weil sie, wie sich später zeigen wird, eine Einheit mit dem Sohne bildeten. Es heißt dem Text Gewalt anthun, wenn man ihn anders verstehen will, als dahin, daß der Sohn der heilige Geist ist; und keiner Auslegung, welche tendentiösen Schein vermeiden will, kann es in den Sinn kommen zu behaupten, es ist eine Ungenauigkeit des Gleichnisses, daß die daneben stehenden Engel nicht in ihrem bildlichen Gewande belassen sind, darum ist der κύριος nicht Gott, sondern der Hausvater, und folglich wird der heilige Geist, welcher als υἱὸς τοῦ κυρίου erscheint, nicht Sohn Gottes genannt.[3])

Es bleibt also dabei, daß Hermas den heiligen Geist als Sohn Gottes denkt. Müßte man nun annehmen, jene σάρξ des fünften Gleichnisses wäre der Mensch gewordene Sohn Gottes, von dem es im 9. Gleichnis heißt, er habe sich am Ende der Tage offenbart, und von dem ebendort das Gleiche ausgesagt wird, was vom heiligen Geist berichtet wird — Beide sind vor der Welt, nicht geschaffen sondern gezeugt, beiden wird in gleicher Weise die Schöpfung zugeschrieben, von beiden wird gesagt, daß sie Ratgeber Gottes, daß sie Herrn der Kirche sind — so müßte man dem Hermas die Meinung zuschreiben, daß Gott der Vater zwei gleich ewige und gleich mächtige Söhne habe, deren jedem das Werk des andern zugemessen werde.[4]) Will man den

---

[1]) Sim. V, 5, 2. Sim. V, 6, 4, 7.
[2]) Vergl. Zahn, Hirt des Hermas, Seite 254. Lipsius, Zeitschrift für wissenschaftliche Theologie 1865, Seite 277.
[3]) Vergl. Zahn a. a. Ort.
[4]) Wenn Zahn behauptet: „Wenn im fünften Gleichnis von dem heiligen Geist gleiche Verweltlichkeit ausgesagt wird und ihm scheinbar sogar ausschließlich die Schöpfung

Hermas diese Ungereimtheit nicht hegen lassen, so müssen wir die Identität des heiligen Geistes und des Sohnes Gottes festhalten, und dazu sind wir um so mehr berechtigt, als sich in der ganzen Schrift nicht eine Stelle findet, in der der heilige Geist von dem Sohne Gottes bestimmt unterschieden wird, denn die von Zahn angezogenen Stellen beweisen nichts, und es ist ganz unergründlich, wie er die 12 Jungfrauen mit dem heiligen Geist identificieren kann.[1])

Wenn nun Hermas den heiligen Geist nicht von dem präexistenten Sohn Gottes unterscheidet, und wenn sowohl von diesem als auch von dem Knecht gesagt wird, er sei Herr der Kirche: so bleibt nur dieser Ausweg: Der heilige Geist ist der ewige, präexistente Sohn Gottes, der Mensch Jesus aber, in dem er auf Erden weilte, ist in seine Seinsweise aufgenommen, so zwar daß sie beide fortan eine Einheit, ein einheitliches Wesen bilden. Diese Einigung hat sich hier auf Erden schon angebahnt, ist aber nach der Erhöhung des Knechtes erst vollendet. Während sie früher noch eine lösliche war, da der heilige Geist dem Menschen Jesus vor seiner Erhöhung gegenübersteht als einer, der über diese Erhöhung mit Gott zu Rate sitzt, ist sie nach derselben gemäß dem Willen Gottes des Vaters in Übereinstimmung mit dem heiligen Geist, eine unlösliche geworden, so zwar daß auch nach dieser Vereinigung das Wesen des einen nicht verloren geht in dem Wesen des andern. Dem heiligen Geist, welcher der präexistente Sohn Gottes ist, eignet es nach der Erhöhung des Knechtes, in dem er von Gott angesiedelt war, Mensch zu sein, darum erscheint er auch bei der Visitation der Kirche als ἀνήρ, aber er überträgt seine wesentlichen Eigenschaften der Präexistenz, der weltschöpferischen Allmacht u. s. w. nicht auf seine nunmehrige menschliche Seite; und dieser Menschheit eignet es nun Gottes Sohn zu sein, aber nicht an sich, sondern nur in Verbindung mit dem präexistenten Sohn Gottes. Wenn wir diese Vereinigung und nicht Verschmelzung der beiden Wesenheiten behaupten, dann ist es ganz begreiflich, wie Hermas die Erhöhung des Knechtes als eine Annahme desselben von Seiten des heiligen Geistes zum Ge=

---

zugeschrieben wird, so folgt daraus ebenso wenig die Identität des heiligen Geistes mit dem präexistenten Sohn Gottes als mit dem Vater, der unbeschadet jener Aussagen sehr häufig Weltschöpfer genannt wird," so hat er übersehen, daß es etwas anderes ist, ob einer Hypostase ausschließlich ein bestimmtes Werk zugeschrieben wird, oder ob es von der Gottheit in ihrer Einheit ausgesagt wird. Von dem Vater im Gegensatz zu der andern Hypostase wird niemals gesagt, er sei Weltschöpfer, am wenigsten in den von Zahn angeführten Stellen. Vergl. Vis. I, 1. 3. Mand. I. Sim. IX. 1. 25.

[1]) Vergleiche Zahn a. a. Ort, Seite 162.

nossen und Miterben bezeichnen und den Knecht mit Rücksicht auf seine schon erfolgte Erhöhung zum Genossen des heiligen Geistes kurzweg Sohn Gottes nennen und von dem Herrn der Kirche, als welcher nach dem fünften Gleichnis der erhöhte Knecht erscheint, im neunten Gleichnis Vorweltlichkeit und schöpferische Allmacht aussagen kann.

Dem Beweise der Identität des Sohnes Gottes und des heiligen Geistes dient auch folgende Wahrnehmung. In der jüdischen Theologie figuriert das Theologumenon von den sieben Engeln. Auch Hermas hat dies Theologumenon, aber in modificierter Gestalt. Er nennt nur sechs Engel, welche indessen nie allein, sondern stets in der Umgebung eines siebenten geistigen Wesens erscheinen.

Vis. 1, 4, 1, 3[1]) sehen wir die sechs Engel im Dienst der Kirche, und da diese nach Sim. IX, 1 nur eine Erscheinungsform des heiligen Geistes ist: so erscheinen sie auch hier schon im Dienst des heiligen Geistes. Diese sechs Engel begleiten die Kirche bei ihrer Offenbarung, und diese giebt ihnen den Befehl: gehet und bauet den Turm.

Nach Sim. V, 5 erscheinen die sechs Engel in der Umgebung des heiligen Geistes, sie werden seine Freunde genannt und sitzen mit ihm über den Knecht Gottes zu Gericht.

Nach Sim. IX. erscheinen die sechs Engel in der Umgebung eines vir excelsus et venerandus, der nach der Erklärung der Sohn Gottes ist. Sie stehen in seinem Dienst, bauen auf seinen Befehl wie in den Visionen auf den Befehl der Kirche d. i. des heiligen Geistes den Turm, welcher die Kirche symbolisch darstellt.

Einmal bildet also der heilige Geist, das andere Mal der Sohn Gottes mit den sechs Engeln eine numerische Einheit, so jedoch daß beide wesentlich von ihnen unterschieden und über sie erhaben sind. Diese doppelte Kombination könnte Hermas nicht anstellen, wenn er den heiligen Geist und den Sohn Gottes nicht für identisch hielte. Es folgt aus dieser Zusammenstellung aber auch noch, daß bei Hermas der mit dem Sohn Gottes identische heilige Geist die Stelle des siebenten Engels in dem jüdischen Theologumenon einnimmt, und es drängt sich uns hier schon die Vermutung auf, daß Hermas den Sohn Gottes nicht bloß mit dem heiligen Geist, sondern auch mit dem Erzengel Michael identificiert.

§ 11. Der postexistente Sohn Gottes.

Haben wir in dem Vorstehenden den Beweis zu führen gesucht, daß Hermas den heiligen Geist als den präexistenten Sohn Gottes

---

[1]) Vergl. Vis. III, 1, 6. 2, 5. 4, 1. Zahn a. a. O., Seite 266 Anm. 4.

denkt, so wollen wir jetzt darthun, daß Hermas als den postexistenten Sohn Gottes den Erzengel Michael ansieht. Zuvor wollen wir in Kürze seine Engellehre eruieren. Dem Hermas ist eine lebhafte Engelvorstellung eigen. Ganz biblisch teilt er die Engelwelt in eine gute und eine böse. An der Spitze der letzteren haben wir uns, wenn es auch nicht ausdrücklich ausgesprochen wird, den Teufel zu denken.[1]) Von dem Teufel und den bösen Geistern kommt dem Menschen eine stete Versuchung zum Bösen. Hermas denkt sich jedem Menschen einen bösen Engel zugesellt, der Besitz von ihm zu nehmen versucht, und wenn es ihm gelungen, den Menschen in böse Leidenschaften verwickelt und zu schlechten Handlungen reizt und verleitet.[2]) Umgekehrt sind die guten Engel Werkzeuge Gottes, den Menschen zum Dienst verordnet, und greifen fördernd in sein natürliches und geistliches Leben ein.[3]) So der Engel der Gerechtigkeit[4]), der jedem Menschen beigegeben ist und gute Gedanken in ihm erweckt; so der Engel der Buße, welcher bei dem Bau der Kirche thätig erscheint, die Bausteine prüft, behaut, zum Bau hinreicht, die Zweige des Weidenbaumes pflanzt, begießt, untersucht und deren Träger entläßt; er ist stets mit denen, welche ihm anvertraut sind, giebt ihnen Buße und Einsicht,[5]) überwindet für sie den Teufel,[6]) stärkt sie in den Geboten[7]) und erneuert ihre Geister.[8]) So der Engel der Strafe, welcher die der Buße Widerstrebenden durch zeitliche Qual, durch Verluste an Geld und Gut, durch Mangel und Krankheit und Demütigung aller Art zur Buße geneigt macht.[9]) Unter den Myriaden dieser Himmelsboten ragen sechs Engel hervor, welche die obersten, die erstgeschaffenen Geister, die Freunde und Mitberater des Sohnes Gottes genannt werden. Diesen ist die ganze Schöpfung zur Erhaltung und Regierung übergeben, und in gleicher Weise sind sie auch bei dem Bau und der Erneuerung der Kirche besonders thätig.[10]) Trotzdem die Engel in der Nähe Gottes weilen — sie umgeben ihn wie eine Mauer[11]) —, bedarf es zwischen

---

[1]) Vergl. Mand. XII, 2, 2. IX, 9.
[2]) Sim. IX, 20, 4. 13, 8. Mand. XII, 5. Mand. VI, 2. Sim. VI, 2.
[3]) Vis. III, 5, 4. Sim. IX, 3. 6. 12.
[4]) Mand. VI, 2.
[5]) Mand. IV, 2. Sim. VIII, 6, 11.
[6]) Mand. XII, 2—6.
[7]) Sim. VI, 1. Mand. XII, 6.
[8]) Sim. VIII, 6.
[9]) Sim. VI. VII.
[10]) Vis. III, 4.
[11]) Sim IX, 12.

ihnen und Gott dennoch der Vermittlung durch den Sohn Gottes, und dies zwar nicht bloß für die Myriaden, sondern auch für die obersten Engel.[1]) Außer den sechs Engeln nehmen noch zwei, der erhabenste Engel und der Erzengel Michael, eine hervorragende Stellung in der Anschauung des Hermas ein, und zwar eine so außerordentlich hohe und wichtige, daß wir sie über alle Engel stellen müssen. Wir wollen ihnen eine größere Aufmerksamkeit schenken und zu erklären suchen, weshalb ihnen solche Ausnahmestellung von Hermas gegeben wird.

Für den namenlosen Engel finden sich folgende Bezeichnungen: $\dot{o}$ $\ddot{\alpha}\gamma\gamma\epsilon\lambda o\varsigma$, $\dot{o}$ $\ddot{\alpha}\gamma\gamma\epsilon\lambda o\varsigma$ $\ddot{\epsilon}\nu\delta o\xi o\varsigma$, $\dot{o}$ $\sigma\epsilon\mu\nu\acute{o}\tau\alpha\tau o\varsigma$ $\ddot{\alpha}\gamma\gamma\epsilon\lambda o\varsigma$, $\dot{o}$ $\ddot{\alpha}\gamma\iota o\varsigma$ $\ddot{\alpha}\gamma\gamma\epsilon\lambda o\varsigma$, $\dot{o}$ $\ddot{\alpha}\gamma\gamma\epsilon\lambda o\varsigma$ $\tau o\tilde{v}$ $\varkappa v\varrho\acute{\iota}o v$, nuntius ille.[2]) Nach diesen Benennungen kann unter demselben nur der höchste Engel, der Engel des Herrn schlechthin verstanden werden. Als solchem kommt ihm Verehrung zu, denn uns hindert nichts, $\sigma\epsilon\mu\nu\acute{o}\varsigma$ in seiner ursprünglichen Bedeutung zu nehmen, nach welcher es nur von Göttern und ihnen geweihten Dingen gebraucht wird. Wegen seiner äußeren Herrlichkeit heißt er $\ddot{\epsilon}\nu\delta o\xi o\varsigma$, wegen seiner inneren $\ddot{\alpha}\gamma\iota o\varsigma$ und infolge beider ist er $\sigma\epsilon\mu\nu\acute{o}\tau\alpha\tau o\varsigma$, der sehr verehrungswürdige. Wird er nun auch nicht ausdrücklich als der Fürst der Engel bezeichnet, so folgt eine solche Stellung desselben doch aus seiner Benennung als $\ddot{\alpha}\gamma\gamma\epsilon\lambda o\varsigma$ $\tau o\tilde{v}$ $\varkappa v\varrho\acute{\iota}o v$, sowie daraus, daß ihm nach Sim. IX, 1, 3; Vis. V, 2 5 und Sim. VII, solches zugeschrieben wird, was nach Mand. IV, 2, 1 dem Herrn selbst beigelegt wird.[3]) Im übrigen erfahren wir nur wenig von ihm. Er sendet den Bußengel zum Hermas[4]) und stärkt ihn im Glauben und in der Erkenntnis.[5]) Er wird betrübt durch des Hermas und dessen Hauses Sünde[6]) und sendet ihm Trübsal, damit er durch diese geläutert werde.[7]) Er ist aber nicht etwa blos des Hermas Schutzengel, er steht im gleichen Verhältnis zu allen Menschen und die Aufgabe, welche er dem Hirten beim Hermas erteilt, giebt er ihm auch bei allen Menschen; er ist der Fürsprecher bei Gott für alle,[8]) ja mehr noch, von ihm sind alle gerechtfertigt worden. Wir haben kein

---

[1]) Sim. IX, 12, 8. Vergl. Ignat ad Smyrn. 6, 1, $\varkappa\alpha\grave{\iota}$ $\tau\grave{\alpha}$ $\dot{\epsilon}\pi o v\varrho\acute{\alpha}\nu\iota\alpha$ $\varkappa\alpha\grave{\iota}$ $\dot{\eta}$ $\delta\acute{o}\xi\alpha$ $\tau\tilde{\omega}\nu$ $\dot{\alpha}\gamma\gamma\acute{\epsilon}\lambda\omega\nu$ $\varkappa\alpha\grave{\iota}$ $o\acute{\iota}$ $\ddot{\alpha}\varrho\chi o\nu\tau\epsilon\varsigma$ $\dot{o}\varrho\alpha\tau o\acute{\iota}$ $\tau\epsilon$ $\varkappa\alpha\grave{\iota}$ $\dot{\alpha}\acute{o}\varrho\alpha\tau o\iota$, $\dot{\epsilon}\grave{\alpha}\nu$ $\mu\grave{\eta}$ $\pi\iota\sigma\tau\epsilon\acute{v}\sigma\omega\sigma\iota\nu$ $\epsilon\grave{\iota}\varsigma$ $\tau\grave{o}$ $\alpha\tilde{\iota}\mu\alpha$ $\chi\varrho\iota\sigma\tau o\tilde{v}$, $\varkappa\dot{\alpha}\varkappa\epsilon\acute{\iota}\nu o\iota\varsigma$ $\varkappa\varrho\acute{\iota}\sigma\iota\varsigma$ $\dot{\epsilon}\sigma\tau\acute{\iota}\nu$.

[2]) Vis. V. Mand. V. Sim. V, 4, 4. VIII, 1, 2. 5. IX, 1. X.

[3]) Vergl. Lipsius a. a. Ort 1869, Seite 255, 259, 268.

[4]) Vis. V, 2. Sim. IX, 1, 3.

[5]) Sim. IX, 1, 3.

[6]) Sim. VII, 2.

[7]) Sim. VII, 2. 6.

[8]) Sim. X, 2, 2.

Recht, das ἐδικαιώθησαν γὰρ πάντες ὑπὸ τοῦ ἀγγέλου zu einem billigenden Urteil abzuschwächen.¹) Sollte dies der Fall sein, dann müßte die Buße, die hier als erst künftig eventuell eintretend gedacht ist, bereits geschehen sein, und zum andern müßte der Schlußsatz nicht im causalen, sondern im finalen Verhältnis zu dem Vorhergehenden stehen. Wegen der causalen Verbindung und der erst als künftig eintretend gedachten Buße kann der Satz ἐδικαιώθησαν γὰρ πάντες nicht mit dem unmittelbar Vorhergehenden, sondern nur, was auch durch das wiederaufgenommene πάντες angedeutet wird, mit dem Satz καὶ πάντες δὲ ἀφέξονται ὑπ αὐτῆς ὅσοι ἂν μετανοήσωσιν ἐκ ὅλης τῆς καρδίας verbunden werden. Weil, will der Hirt sagen, alle gerechtfertigt sind, werden auch alle, die Buße thun, durch dieselbe der Sünden ledig und der Gerechtigkeit teilhaftig. Zur Buße aber werden sie kommen, weil ich ihnen umdeswillen dazu helfe, weil sie als bereits gerechtfertigte nicht verloren gehen sollen. Ist dies der Sinn dieser Stelle, dann kann δικαιωθῆναι nicht so viel sein wie ein billigendes Urteil fällen, sondern muß die Aenderung eines Zustandes und Verhältnisses bedeuten, die auf eine ein für allemal dem Menschen erworbene und mitgeteilte Gerechtigkeit zurückzuführen ist und die es ermöglicht, daß nur noch Buße erforderlich ist, um von den Sünden frei zu werden. Sollte hier nur von einem billigenden Urteil gesprochen werden, so würde man einen Ausdruck erwarten, wie ihn Hermas Sim. X, 2, 2 gebraucht.²)

Nach dem, was wir bisher über den ἄγγελος τοῦ κυρίου beigebracht haben, gleicht er sowohl dem Michael wie auch Christo.

Auch Zahn, der heftige Bestreiter dieser Ansicht, muß eine Ähnlichkeit zwischen dem namenlosen Engel und Michael anerkennen,³) doch bestreitet er, daß aus dieser Ähnlichkeit die Identität beider folge. Michael, sagt er, erscheine durchaus in derselben Mittlerstellung zwischen Gott und dem ποιμήν wie der erhabene Engel, daneben bestehe freilich der große Unterschied, daß Michael, als sollte dies ausdrücklich neu gelehrt werden, als Gebieter und Regierer des christlichen Volkes bezeichnet wird. Aber wenn dies von dem namenlosen Engel auch nicht ausdrücklich gesagt wird, er erscheint doch als der Gebieter der Christen

---

¹) Zahn a. a. Ort Seite 264: Auf das gleiche Verhältnis wird hingewiesen, wo der Bußengel denen, die wahrhaft Buße gethan haben, seinen dauernden Beistand auf Grund dessen verheißt, daß jener erhabene Engel sie gerechtfertigt d. h. bei der ihm zustehenden Prüfung ein billigendes Urteil über sie gefällt hat.

²) Hic apud me de his bene interpretetur, et ego apud Dominum.

³) Zahn Seite 265.

und am Schluß des ganzen Buches redet er in einer Weise, wie sie nur dem Herrn der Kirche zusteht. Für ihre Identität spricht ihre Benennung als $\ἄγγελος\ τοῦ\ κυρίου$.[1]) Das ist ein terminus technicus für den obersten Engel, und es dürfte diese Bezeichnung nicht auf nur zwei Engel beschränkt werden, wenn sie nicht identisch wären. Sollte der Zusatz $τοῦ\ κυρίου$ nur bedeuten, daß beide dem Herrn angehören, so müßte man billig fragen, warum denn solche Angehörigkeit nicht auch von den übrigen Engeln ausgesagt werde, soll man etwa annehmen, daß sie dem Herrn nicht angehören? Beide werden ohne weitere Zusätze wiederholt einfach als $ἄγγελος\ τοῦ\ κυρίου$ eingeführt; soll da der Lehrer sich erst jedesmal besinnen, welcher $ἄγγελος\ τοῦ\ κυρίου$ gemeint sei? Hermas, der so subtil zu unterscheiden versteht und mit größter Peinlichkeit allen Mißverständnissen vorzubeugen sucht, hätte gewiß nicht beide ohne andern Zusatz $ἄγγελος\ τοῦ\ κυρίου$ genannt, wenn ihm beide nicht eine Persönlichkeit gewesen wären. Wir dürfen also sagen, weil dem erhabenen Engel dieselbe Mittlerstellung wie dem Michael zwischen Gott und dem $ποιμήν$ eignet, weil beide zu der ganzen Christenheit in einem einzigartigen Verhältnis stehen, weil endlich beide als $ἄγγελος\ τοῦ\ κυρίου$ bezeichnet werden: so sind beide identisch, der sonst namenlose Engel ist Michael.

Ist unsere Erklärung des $δικαιωθῆναι$ richtig, so wird dem erhabenen Engel das Erlösungswerk Christi zugeschrieben. Wäre Hermas nun nicht der Meinung gewesen, daß der erhabene Engel der Sohn Gottes sei, so wäre es unbegreiflich, warum er nicht fragt, wie von einem Engel die Rechtfertigung ausgehen kann, und die Unterlassung dieser Frage wird um so schwerwiegender, weil sich im ganzen Buche kein Anhaltspunkt für diese Ansicht findet, und weil es kurz vorher heißt: $διὰ\ τὸ\ ἔλεος\ τοῦ\ κυρίου\ τοῦ\ ἐφ'\ ὑμᾶς\ στάξαντος\ τὴν\ δικαιοσύνην,\ ἵνα\ δικαιωθῆτε\ καὶ\ ἁγιασθῆτε$.[2]) Zu ihren Kindern[3]) redet hier die Kirche von der Erziehung, die sie ihnen deswegen, weil der Herr in seiner Barmherzigkeit ihnen die Gerechtigkeit mitgeteilt hat, und zu dem Zweck hat angedeihen lassen, damit sie gerecht und heilig würden. Auch hier wird die Wirksamkeit der Kirche an ihren Gliedern wie Mand. V, 1, 7 die des Hirten an denen, die Buße thun sollen, dadurch motiviert, daß von Seiten eines andern schon etwas geschehen ist, was hier mit $στάξαι\ τὴν\ δικαιοσύνην$, dort mit $δικαιωθῆναι$ bezeichnet wird.

---

[1]) Sim. VII. VIII.
[2]) Vis. III, 9, 1.
[3]) Vergl. Harnack zu der Stelle.

An unserer Stelle unterliegt es keinem Zweifel, daß bei στάξαι τὴν δικαιοσύνην an eine wirkliche Mitteilung der Gerechtigkeit κατ᾿ ἐξοχήν zu denken ist, aus welcher sich dann die Gerechtigkeit und Heiligkeit als Thun und Zustand des Menschen entwickelt. Dort geht die Befreiung von Sünden ganz ebenso wie hier durch die Buße aus dem Zustande oder der Wirkung hervor, welche durch das δικαιωθῆναι bedingt ist. Hier ist die Entstehung dieses Zustandes auf den Herrn, dort auf den erhabenen Engel zurückgeführt. Wenn nun dort derselbe Gedanke ausgesprochen wird wie hier, hier aber ausdrücklich hinzugefügt ist, daß die Rechtfertigung von dem Herrn kommt: so würde Hermas mit sich in den krassesten Widerspruch geraten, wenn eben nicht der ἄγγελος ἔνδοξος identisch wäre mit dem Herrn, von dem das στάξαι τὴν δικαιοσύνην ausgesagt wird.

Auch an anderen Stellen überträgt Hermas auf den Herrn, was sonst dem Engel beigelegt wird, und umgekehrt.[1]) Es darf daher nicht auffällig erscheinen, wenn er bald den einen, bald den andern Namen für dieselbe Person gebraucht, ja wie Sim. V, 4 beide Bezeichnungen dicht nebeneinander setzt. An dieser Stelle fragt es sich aber zunächst, ob ὁ θεός und ὁ κύριος ἑαυτοῦ ein und dieselbe Person sind. Dies ist nach unserer Auffassung nicht der Fall, denn einmal würde, wären beide identisch, Hermas tautologisch reden und zum andern kehrt der Ausdruck ὁ κύριος ἡμῶν[2]) oder — wo es sich um das Verhältnis eines Einzelnen handelt — ὁ κύριος ἑαυτοῦ als Benennung Christi wieder. Wir trennen also ὁ θεός und ὁ κύριος ἑαυτοῦ und verstehen unter dem letzteren Christus. Darauf führt auch das Folgende: τὰ ῥήματα τοῦ κυρίου τὰ λεγόμενα διὰ παραβολῶν, denn bei τὰ ῥήματα τοῦ κυρίου kann weder an das Wort Gottes überhaupt, da es nicht in Gleichnissen geredet ist, noch an die Gleichnisse des Herrn, da sie im ganzen Zusammenhange nicht erwähnt sind, gedacht werden, sondern τὰ ῥήματα τοῦ κυρίου τὰ λεγόμενα διὰ παραβολῶν sind die in diesem Buche vorkommenden Gleichnisse, und der Herr, dessen sie sind, ist der Herr, welcher den ποιμήν geheißen hat, dem Hermas die ἐντολάς und παραβολάς zu erklären. Dieser κύριος ist aber der ἄγγελος ἔνδοξος, und die ῥήματα τοῦ κυρίου sind τὰ ῥήματα τοῦ ἀγγέλου. Kann in den Worten τὰ ῥήματα τοῦ κυρίου τὰ λεγόμενα διὰ παραβολῶν — κύριος nicht Gott sein, so kann dasselbe Wort in demselben Satze und dem ganzen Satzgefüge nicht Gott bezeichnen, und so kann denn ὁ κύριος ἑαυτοῦ kein anderer sein als der Herr, welcher die

---

[1]) Vergl. Vis. V. Sim. IX, 1. VIII, 6, 3. VII, 5.
[2]) Vergl. Sim. IX, 23, 4. Siehe auch Zahn zu der Stelle, Seite 157.

Gleichnisse hat hervorrufen und erklären lassen, d. i. ὁ ἄγγελος ἔνδοξος. Dieser ἄγγελος ἔνδοξος ist aber der Sohn Gottes, denn eine andere Deutung läßt die Zusammenstellung von θεός und κύριος nicht zu, und durch Sim. IX, 23, 4 wird diese Deutung gerade zu gefordert. Hermas hat also für den postexistenten Christus bald die Bezeichnung κύριος, bald die Bezeichnung ἄγγελος angewandt. Es scheint, als ob er ihn dann, wenn er ihn in seinem Für-sich-sein und als den Besitzer des κυριότης bezeichnen will, κύριος, dann, wenn er ihn in seiner fortgesetzten Offenbarung schauen lassen will, ἄγγελος τοῦ κυρίου, d. i. Michael, nennt.

Wir haben gesehen, daß sowohl dem namenlosen Engel, wie dem Erzengel Michael eine Einwirkung auf das religiöse Leben der Menschen beigelegt wird, wie sie nur von Christo, dem Sohn Gottes, ausgesagt werden kann. Wenn man nun behauptet, „aus diesem Eingreifen des einen oder des andern in das innerste religiöse Leben des christlichen Individuums, aus der Mittlerstellung zwischen Gott und den Christen, welche sie einnehmen, könne man in keiner Weise begründen, daß einer von ihnen Christus sei,[1]) so hat man übersehen, daß Hermas zwischen Gott und Christen, ja zwischen Gott und seiner ganzen persönlichen Creatur nur den Sohn Gottes als einzigen Mittler gelten läßt. Da nun von dem Engel gesagt wird, ohne daß Christus erwähnt wird, er lege für alle Christen bei Gott Fürsprache ein, ja von ihm seien alle Menschen gerechtfertigt worden: so würden wir, wäre Christus und der Engel nicht identisch, dem Hermas die Ansicht unterschieben müssen, er habe zwei gleichwertige Mittler zwischen Gott und den Christen angenommen; denn daß jener Engel ein Christo untergeordneter Mittler gewesen wäre, wird nirgends gesagt, wie er auch nie mit Christo zusammen genannt wird, was nur dadurch zu erklären ist, daß eben beide eins sind. Die Identität wird nicht erschüttert durch den Schluß[2]), daß, wenn der ἄγγελος ἔνδοξος Christus sei, es auch der ποιμήν sein müßte. Aber diesem letzteren wird ja bei weitem nicht dieselbe Machtstellung wie dem ersteren eingeräumt, vielmehr erscheint der Hirt nur als Werkzeug des erhabenen Engels. Er ist kein direkter Mittler zwischen Gott und den Christen, sondern zwischen Gott und ihm steht jener ἄγγελος ἔνδοξος; er teilt nicht wie jener die Gerechtigkeit mit, sondern soll dieselbe nur durch fortgesetzte Buße bewähren; er wird

---

[1]) Vergl. Zahn, Seite 270. Hilgenfeld, Zeitschrift für evangelische Theologie 1868, Seite 428. Lipsius a. a. Ort, 1865, Seite 279.
[2]) So Zahn.

weder ὁ ἄγγελος τοῦ κυρίου genannt, noch wie dieser mit Gott in eine so enge Verbindung gebracht, wie es durch die Formel ὁ θεὸς καὶ ὁ κύριος ἑαυτοῦ sive ἡμῶν geschieht.

Wir halten uns auf Grund der vorstehenden Auseinandersetzungen berechtigt zu der Annahme, daß, da unter dem ἄγγελος τοῦ κυρίου sowohl der postexistente Christus als auch der Erzengel Michael zu verstehen ist, der Erzengel Michael der postexistente Christus ist.

Diese Annahme wird durch das achte Gleichnis bestätigt. In einem Bilde, in dem verschiedene Vorgänge, die sich auf einen längeren Zeitraum verteilen, zusammengefaßt sind, zeigt der Hirt dem Hermas die empirische Kirche in ihrem Übergange zur idealen Kirche. Die empirische Kirche wird dargestellt durch einen Weidenbaum und das unter ihm versammelte Volk; die ideale Kirche wird repräsentiert durch den Turm und die in denselben entlassenen Christen. Nicht wie die empirische Kirche sich erbaue — sie wird als schon bestehend eingeführt —, soll hier dargethan werden, sondern wie sich die ideale aus der empirischen Kirche entwickelt; beide erscheinen noch nebeneinander, nicht ineinander, aber die erstere soll doch in der letzteren aufgehen. Nur um dies zu veranschaulichen, wird noch einmal auf die Vorgänge, welche zum Bau der empirischen Kirche erforderlich waren, zurückgeblickt. Es sind die folgenden Vorgänge: 1. Christus, der das Gesetz für die Glieder der Kirche ist, ist von den Aposteln in aller Welt verkündigt.[1] Das ist natürlich der historische Christus, und es ist bedeutsam, daß dieser als ein Geschöpf Gottes erscheint,[2] wodurch also der historische Christus als ein bloßer Mensch gekennzeichnet wird. Wenn er nun nachher der Sohn Gottes genannt wird, so kann dadurch nicht aufgehoben werden, was vorher von ihm prädiciert war; wir müssen darum sagen, dieser Mensch, der ein Geschöpf Gottes ist, wird Sohn Gottes genannt, weil er von Gott zum Sohn angenommen ist. 2. Diesem in aller Welt verkündigten Gesetz glaubten viele.[3] 3. Diesen Gläubigen ward Christus, der das Gesetz ist, von Michael in's Herz gesenkt.[4] Dieser letzte Vorgang beim Bau der empirischen Kirche wird nur erwähnt und mußte erwähnt werden, weil das Vorhandensein oder Fehlen des Zustandes, der durch diese Einsenkung des Gesetzes gewirkt war, den Maßstab für die Zulassung zu oder für die Ausschließung von der idealen Kirche

---

[1] Sim. VIII, 3, 2. Sim. IX, 17, 1, IX, 25, 2.
[2] Sim. VIII, 2, 9.
[3] Sim. VIII, 3.
[4] Sim. VIII, 3, 3.

bildet. Diesen letzten Vorgang, gleichviel ob wir uns ihn nur logisch[1]) oder auch zeitlich[2]) von dem zweiten geschieden denken, können wir uns nur gleichzeitig mit der Taufe vorstellen. Wie durch die Taufe des Johannes dem auserwählten Menschen Jesus der heilige Geist mitgeteilt ward: so wird jedem, der gläubig geworden ist, in der Taufe der Sohn Gottes als Quelle und Norm eines neuen Lebens mitgeteilt. Dies soll nun nach dem achten Gleichnis durch den Erzengel Michael geschehen. Wenn wir nun unter diesem Vorgange eine reale Einsenkung des Sohnes Gottes verstehen müssen, d. h. wenn wir annehmen sollen, daß in der Taufe der Sohn Gottes zu dem, was er seiner Bestimmung nach für alle ist, für den Einzelnen gemacht wird: wie verletzend ist dann für ein christliches Denken die Zumutung, dies Geschäft einem Engel zu überweisen.[3]) Diese Zumutung verliert ihren verletzenden Charakter nur, wenn eben Michael der Herr selbst ist. Der Herr selbst giebt sich den Gläubigen als die Norm ihres Lebens in's Herz. Er, der durch sein heiliges Leben ein Vorbild gegeben und als heiliges Vorbild die verpflichtende Kraft eines Gesetzes hat, giebt sich als der Erhöhte bei der Taufe als Gesetz in's Herz der Gläubigen. Daß diese Auffassung richtig ist, muß einleuchten, wenn wir uns daran erinnern, daß es nach dem Befehl des Vaters zum Werke des Knechtes resp. Sohnes gehört, das Gesetz den Gläubigen mitzuteilen, und daß dies Stück seines Er= lösungswerkes nicht auf seine irdische Laufbahn beschränkt, sondern auf sein Leben nach der Erhöhung ausgedehnt ist. Damit, daß Christus nach seinem irdischen Wandel das Gesetz und nach seiner Erhöhung der Gesetzgeber ist, reimt es sich auch, wenn von Michael gesagt wird, er gebe sein Gesetz den Gläubigen in's Herz;[4]) denn wenn wir unter dem Gesetz eine Person zu verstehen haben, kann in dieser Weise nur in der Voraussetzung geredet werden, daß Gesetz und Gesetzgeber eins sind.

Dazu kommt noch eins. Der ποιμήν sagt im Gleichnis, nachdem er davon gesprochen, was er zur Rettung der Seelen thun müsse ὁ γὰρ κτίσας δένδρον θέλει πάντας ζῆν τοὺς λαβόντας ἐκ τοῦ δένδρου τούτου κλάδους[5]) und in demselben Zusammenhange sagt er in der Erklärung ὁ κύριος θέλει τὴν κλῆσιν τὴν γενομένην διὰ τοῦ υἱοῦ αὐτοῦ σώζεσθαι.[6]) Es ist

---

[1]) So Zahn.
[2]) So richtiger nach Sim. VIII, 6, 3.
[3]) Den Vorgang so aufzufassen, wie Zahn thut, ist ganz unstatthaft. Vergl. Hirt des Hermas, Seite 143 und 165.
[4]) Vergl. Harnack zu der Stelle.
[5]) Sim. VIII, 2, 9.
[6]) Sim. VIII, 11, 1.

klar, daß im Bilde von derselben Sache wie in der Erklärung gesprochen wird, es ist also ὁ κτίσας τὸν δένδρον = ὁ κύριος = ὁ πατὴρ τ. I. X. und οἱ ἐκ τοῦ δένδρου λαβόντες τοὺς κλάδους = ἡ κλῆσις ἡ γενομένη διὰ τοῦ υἱοῦ = ἡ ἐκκλησία.

Die Mittelsperson, durch welche die Kirche geworden ist, ist im Bilde nicht genannt, denn τὸ δένδρον bezeichnet nicht die Mittelsperson, durch welche die κλάδοι verteilt wurden, sondern den objektiven Möglichkeitsgrund der Kirche. Die Mittelsperson, durch welche der objektive Möglichkeitsgrund subjektive Kraft der einzelnen Glieder wird, brauchte hier nicht erwähnt zu werden, weil sie so leicht aus dem Vorstehenden ergänzt werden konnte. Diese Mittelsperson ist Michael. Nach der Erklärung ist aber der, durch den der objektive Möglichkeitsgrund der Kirche zum subjektiven Eigentum der Einzelnen wird, der Sohn Gottes.[1]) Folglich ist Michael der Sohn Gottes. Nur wenn dies der Fall ist, wird begreiflich, wie das, was von Gott oder Christus ausgesagt wird, auch dem Michael zugeschrieben werden kann, daß beide nämlich den ποιμήν senden.[2])

Die Identität Michaels und des Sohnes Gottes wird noch deutlicher bewiesen, wenn wir die Aussagen des achten Gleichnisses über Michael mit denen des neunten über den Sohn Gottes vergleichen. Man stelle nur zusammen Sim. VIII, 1, 2 mit IX, 6, 1; VIII, 1, 5 mit IX, 6, 3; VIII, 1, 6—15 mit IX, 6, 4—6; VIII, 2, 5 mit IX, 7, 1. 2; VIII, 2, 5 mit IX, 7, 3; VIII, 3, 5 mit IX, 23, 4. 12, 2, V, 6, 1. 3 und man wird nicht begreifen, wie nach diesen Aussagen, nach denen beide schon der Erscheinung nach gleich sind, gleich sind in ihrem Verhältnis zur Kirche, gleich in ihrem Verhältnis zum Bußengel, die Identität beider geleugnet werden kann.[3]) Die auffallende Ähnlichkeit dessen, was im neunten Gleichnis dem Sohn Gottes, im achten dem Engel Michael zugeschrieben wird, muß, sagt man, der Betrachtung des fundamentalen Unterschieds zwischen Christus und allen Engeln weichen, welcher denn auch wieder die Unterschiede der Darstellung im einzeln beachten lehrt. Freilich besteht ein fundamentaler Unterschied zwischen Christus und den Engeln, aber ein solcher besteht auch zwischen dem ἄγγελος τοῦ κυρίου und allen übrigen Engeln. Mag von den übrigen Engeln gesagt werden, „daß sie in keiner Weise Mittler des persönlichen Verhältnisses zwischen Gott und den Menschen seien, sondern diese vielmehr

---

[1]) Daß διὰ τοῦ υἱοῦ nicht zu σώζεσθαι, sondern zu γενομένην gehört ist aus dem Zusammenhang klar zu ersehen.

[2]) Vergl. Sim. VIII, 11, 1. 6, 3. 2, 5. VIII, 3.

[3]) So Zahn, Hirt des Hermas, Seite 273 f.

von Gott trennen;"¹) von Michael d. h. dem Engel des Herrn schlechthin gilt es nicht. Ihm wird das $\delta\iota\kappa\alpha\iota o\tilde{v}\sigma\vartheta\alpha\iota$ zugeschrieben und dadurch wird das persönliche Verhältnis zwischen Gott und Menschen geändert, sodaß er nun nur den Bußengel zur Erneuerung und Bewahrung des Geistes zu senden braucht; er bringt die Bitten der Menschen vor Gott und fällt ein entscheidendes Urteil über sie vor Gott, wodurch er sie sicherlich nicht von Gott trennt, sondern wenigstens die, welche Buße thun, ihm näher bringt.²) Der, von dem nie gesagt wird, daß er eines Mittlers bedarf, welchen er doch gebraucht haben müßte, wäre er nicht mehr gewesen als die sechs Engel, hat die Kirche nicht blos unter seiner Obhut, er nimmt auch das Gericht vor, straft die Bösen, belohnt die Guten; er ist auch Herr der idealen Kirche, denn von denen, die zur idealen Kirche entlassen werden, wird ausdrücklich berichtet, daß sie unter Michaels Macht stehen.³) Nirgends werden solche Aussagen, wie sie Hermas sonst über den Herrn thut, von einem Engel gemacht; und wenn das nicht geschieht, sollte man meinen, daß Hermas den Michael d. i. den Engel des Herrn so scharf wie nur möglich von den übrigen Engeln, auch von den sechs obersten unterscheidet. Diese können nicht von sich selbst zu Gott kommen, jener aber hat freien Zutritt zu Gott.⁴)

Die Identität Christi und Michaels soll auch dadurch in Frage gestellt werden, daß Michael im achten Gleichnis ebenso beharrlich Engel genannt werde, als der Eigentümer und Herr des Turmes im neunten Gleichnis nur so oder Sohn Gottes genannt werde.⁵) Aber so steht es durchaus nicht. Michael wird auch im achten Gleichnis $\kappa\dot{\nu}\rho\iota o\varsigma$ genannt, wie der Turmbesitzer im neunten Gleichnis. Die Zweige, welche Michael austeilt, werden einmal $\nu\dot{o}\mu o\varsigma\ \dot{\epsilon}\alpha\nu\tau o\tilde{\nu}$⁶) genannt und etwas später $\dot{\epsilon}\nu\tau o\lambda\alpha\dot{\iota}\ \tau o\tilde{\nu}\ \kappa\nu\rho\dot{\iota}o\nu$,⁷) denn bei $\dot{\epsilon}\nu\tau o\lambda\alpha\dot{\iota}\ \tau o\tilde{\nu}\ \kappa\nu\rho\dot{\iota}o\nu$ noch an etwas anderes zu denken als an $\nu\dot{o}\mu o\varsigma\ \dot{\epsilon}\alpha\nu\tau o\tilde{\nu}$ verbietet der Zusammenhang. Auch im sechsten Kapitel ist überall unter $\kappa\dot{\nu}\rho\iota o\varsigma$ Michael zu verstehen. Damit Hermas die Aufgabe, welche ihm der $\pi o\iota\mu\dot{\eta}\nu$ erteilt hat, erfüllen könne, fragt er, wie denn die beschaffen seien, welche die Zweige abgegeben, und wie die $\kappa\alpha\tau o\iota\kappa\dot{\iota}\alpha$ derselben zustande komme, damit er die, welche geglaubt, die Taufe empfangen und diese unversehrt erhalten haben,

---

¹) Zahn, Hirt des Hermas, Seite 272.
²) Sim. IX, 12, 5, vergl. mit Sim. X, 2, 2.
³) Siehe das achte Gleichnis.
⁴) Sim. X, 2, 2.
⁵) Zahn, Hirt des Hermas, Seite 274.
⁶) Sim. VIII, 3, 3. Siehe Harnack zu der Stelle.
⁷) Sim. VIII, 3, 5.

nachdem sie ihre Werke erkannt, Buße thun lasse, und nachdem dadurch ihr Taufbund wieder hergestellt sei, den Herrn deshalb ehren lehre, weil er sich ihrer erbarmte und den ποιμήν zur Erneuerung ihrer Seelen gesandt habe sc. zu Hermas gesandt habe, damit er ihnen Buße predige. Der Herr, den sie deshalb ehren sollen, weil er aus Erbarmen den ποιμήν gesandt, ist aber Michael, denn dieser hat nach dem Vorhergehenden den ποιμήν bei denen zurückgelassen, die Buße thun sollen. Dieser Herr ist aber zugleich Christus, wie daraus erhellt, daß von denen, deren Zweige als ξηραί und βεβρωμέναι ὑπὸ σητός erfunden wurden, gesagt wird: οὗτοί εἰσιν οἱ ἀποστάται καὶ προδόται τῆς ἐκκλησίας καὶ βλασφημήσαντες ἐν ταῖς ἁμαρτίαις αὐτῶν τὸν κύριον, ἔτι δὲ καὶ ἐπαισχυνθέντες τὸ ὄνομα κυρίου τὸ ἐπικληθὲν ἐπ᾽ αὐτούς.[1]

Wenn der Herr der Kirche so häufig ἄγγελος genannt wird, so zeigt das nur, daß es dem Hermas geläufig ist, denselben als ἄγγελος zu denken und zu wechseln zwischen der Benennung κύριος und ἄγγελος. Wenn er diesen κύριος τῆς ἐκκλησίας in seiner Eigenschaft als Sohn im achten Gleichnis nie ὁ υἱὸς τοῦ θεοῦ nennt, so hat dies seinen Grund darin, daß er diese Bezeichnung für den Herrn der Kirche bereits hat, insofern er die in ihr wohnende Lebenskraft und für sie gültige Norm ist. So lange er beide Seiten des Herrn der Kirche, die grundlegende und die richtende, getrennt hält: so lange ist es auch nicht auffällig, daß er für beide Seiten verschiedene Bezeichnungen beibehält. Uebrigens haben wir gesehen, daß ihm Gesetz und Gesetzgeber identisch sind. Wenn daher von dem Gesetz gilt, daß es der Sohn Gottes sei, so gilt dies auch von dem Gesetzgeber.

Uns ist also Michael der Sohn Gottes. Bei der Wichtigkeit dieser Frage müssen wir noch genauer auf die beiden Gleichnisse eingehen, um allen Einwänden zu begegnen. Das Bild im achten Gleichnis ist dieses:

1) Unter einer riesengroßen, die ganze Welt überschattenden Weide sind alle versammelt, welche die Predigt vom Sohn Gottes gehört und ihr geglaubt haben. Neben ihr steht ein großer Engel mit einer Sichel in der Hand, mit welcher er Zweige von der Weide abschlägt. Die Zweige verteilt er an die Versammelten. Darauf legt er die Sichel bei Seite.

2) Nach einiger Zeit läßt er alle, welche Zweige empfangen haben, herankommen, fordert die Zweige ihnen wieder ab, besieht diese und stellt je nach der Beschaffenheit ihrer Zweige die Einzelnen auf. Die, deren Zweige von guter Beschaffenheit sind, läßt er in den Turm gehen,

---
[1] Sim. VIII, 6, 4.

nachdem sie bekränzt oder sonstwie geschmückt sind. Die, deren Zweige mangelhaft sind, läßt er unter der Obhut des ποιμήν zurück, damit er sie durch Buße bessere.

3) Der ποιμήν pflanzt die Zweige ein, begießt sie, unterwirft sie einer Prüfung, nach welcher noch viele in den Turm versetzt werden können, während die, welche noch nicht hinreichend Buße gethan haben, noch dazu gebracht werden sollen, die aber, welche überhaupt nicht Buße gethan haben, dem Tode anheim fallen.

Das Bild des neunten Gleichnisses ist dies:

1) Im ersten Akt des neunten Gleichnisses zeigt der ποιμήν dem Hermas eine große von Bergen umgebene Ebene. Aus dieser steigt ein großer Fels mit einem mehr als die Sonne strahlenden Thor hervor. Unzählige Engel unter den sechs obersten Engeln führen einen Bau auf, der aber nicht ganz vollendet wird.

2) Der Herr des Turmes erscheint, umgeht den Turm, schlägt mit einer Rute an jeden Stein, wodurch die Beschaffenheit eines jeden offenbar wird. Er heißt die schlechtesten entfernen und andere an deren Stelle setzen. Die der Besserung fähigen übergiebt er dem Hirten, damit er sie bearbeite. Darauf geht er fort.

3) Der Hirt thut, wie ihm befohlen. Viele können in der Folge noch in den Turm aufgenommen werden, der Bau wird vollendet und scheint wie aus einem Stein gearbeitet.

Ganz abgesehen nun davon, daß durch das neunte Gleichnis ein ganz anderer Gedanke als durch das achte erklärt werden soll, die einzelnen Akte decken sich auch nicht vollkommen, und es ist schon deshalb falsch, jeden Zug des einen Gleichnisses in dem andern wiederfinden zu wollen. Daraus also, daß im ersten Akt des neunten Gleichnisses der Herr des Turmes nicht zugegen ist, während im ersten Akt des achten Gleichnisses Michael anwesend ist, zu folgern, beide seien nicht identisch,[1]) ist wider alle gesunde Logik. Außerdem trifft bei richtiger Auslegung dieser Einwand nicht zu. Der Baum im achten Gleichnis ist gleich dem Felsen im neunten. Beide stellen den Sohn Gottes dar, doch mit einem doppelten Unterschiede. Von dem Baum wird gesagt, er sei ein Geschöpf Gottes,[2]) während es von dem Felsen heißt, er sei älter als alle Creatur.[3]) Mit dem Baum wird daher mehr auf die historische Persönlichkeit Jesu, mit dem Felsen auf das ihm innewohnende göttliche Prinzip hingewiesen. Andererseits stellt der Baum Christum

---

[1]) So Zahn.
[2]) Sim. VIII, 2, 9.
[3]) Sim. IX, 12.

dar als das lebendige Gesetz, die objektive Norm, der Fels als die objektive Grundlage, die immer unwandelbar ist; durch den Baum erscheint er als der das Leben in sich selber habende, nachdem er es von Gott empfangen ($\kappa\tau i\sigma\alpha\varsigma$) und darum als der dasselbe mitzuteilen vermögende; durch den Fels erscheint er als die ewig unwandelbare Basis der Kirche. Durch beide Bilder wird also derselbe Christus nach verschiedenen Seiten seines Wesens dargestellt. Im achten Gleichnis erscheint er nach seiner menschlichen Natur, vermöge welcher er, weil sie einen heiligen und darum vorbildlichen und verpflichtenden Wandel geführt hat, als Gesetz betrachtet werden kann; im neunten Gleichnis erscheint er nach seiner göttlichen Natur, vermöge welcher er als die ewig unwandelbare Grundlage des Reiches Gottes angesehen werden darf.

Michael, der die Zweige abhaut und verteilt, ist gleich der Thür im neunten Gleichnis, durch welche die Gläubigen in den Turm gelangen, also Mitglieder der christlichen Kirche werden. Wie durch den die Zweige verteilenden Michael der Baum, so wird durch die Thür der Felsen für die einzelnen zu dem, was jeder seiner Bestimmung nach für alle ist. Der die Zweige verteilende Michael und die Thür haben also die Aufgabe, die Gläubigen mit Christo in eine innige Gemeinschaft zu bringen, aber mit dem Unterschiede, daß nach dem achten Gleichnis Christus zu den Einzelnen gebracht wird, während nach dem neunten Gleichnis der Einzelne zu Christo gebracht wird. Mit andern Worten, im achten Gleichnis erscheint, da Michael der Sohn Gottes ist, der Sohn Gottes als der sich den Gläubigen mitteilende, im neunten Gleichnis erscheint der Sohn Gottes als der die Gläubigen zu sich ziehende. Da nun die $\pi v \lambda \acute{\eta}$ der Sohn Gottes ist, so hat abgesehen von den oben erwähnten feineren Unterschieden, der Engel Michael dieselbe Aufgabe, welche der Sohn Gottes im ersten Akt des neunten Gleichnisses hat. Freilich ist im ersten Akt des neunten Gleichnisses der Turmherr nicht zugegen, aber auch Michael ist im ersten Akt des achten Gleichnisses nicht als der prüfende und die Kirche sichtende und richtende thätig. Die Inkongruenz, welche man zwischen dem achten und neunten Gleichnis hat konstatieren wollen, liegt nicht im Gedanken, sondern im Bilde. Dem Gedanken nach ist Michael der Herr der Kirche im ersten Akt nur so zugegen, wie der Herr der Kirche es ist im ersten Akt des neunten Gleichnisses. Daraus also, daß Michael der Zweige austeilende, welcher eine Person ist mit dem die Zweige prüfenden, im ersten Akt zugegen sei, während der Herr der Kirche, welche eine Person ist mit dem durch die $\pi v \lambda \acute{\eta}$ verbildlichten Christus, im ersten Akt des neunten Gleichnisses abwesend ist, zu schließen, Michael sei nicht identisch mit dem Herrn der Kirche im neunten Gleichnis, ist ebenso thöricht, wie wenn man daraus, daß der Herr der Kirche im ersten Akt des neunten Gleichnisses nicht als solcher zugegen ist, schließen wollte, der durch die πύλη dargestellte Christus sei nicht identisch mit dem Herrn der Kirche desselben Gleichnisses. Nach drei Beziehungen seines Wesens und Wirkens wird ein und derselbe im achten wie im neunten Gleichnis gezeichnet. Als Gesetz, Gesetzgeber und Richter erscheint er im achten, als Grundstein, Eingang und Eigentümer des Turmes erscheint er im neunten Gleichnis. Die Indentität beider Reihen unbeschadet der feineren Unterschiede leuchtet ein. Dazu kommt, daß auch im fünften Gleichnis Jesus als Gesetzgeber dargestellt wird, und daß in der dritten Vision die Eigentümerin des Turmes, die zugestandenermaßen identisch ist mit dem Turmherrn im neunten Gleichnis, als gegenwärtig beim Bau des Turmes uns begegnet. Alles deutet darauf, daß Michael und der Sohn Gottes identisch sind. Daß Michael nach der großen Prüfung im Turme verweile, finde ich nicht ausdrücklich berichtet, es heißt auch von ihm, daß er nach der Visitation weggegangen[1]), und es wird nicht gesagt, wohin er gegangen sei; aber zugestanden, er weile nach der Prüfung im Turm,[2]) folgt daraus eine Differenz zwischen ihm und dem Turmherrn des neunten Gleichnisses? Der Turm im achten Gleichnis ist die ideale Kirche, der Turm im neunten Gleichnis wird erst zur idealen Kirche. Der Turm bezeichnet also in beiden Gleichnissen verschiedene Dinge, da darf man nicht alles uniformieren. Auch das beweist nichts gegen die Identität, daß Michael nach dem achten Gleichnis bei dem Eintritt der Individuen thätig erscheinen, aber nicht Gegenstand der Predigt und des Glaubens sein soll, während das Umgekehrte vom Sohn Gottes im neunten Gleichnis gelte.[3]) Dieser Gegensatz darf gar nicht aufgestellt werden. Von einem Eintritt der Individuen in die empirische Kirche, bei welchem Michael thätig gewesen sein soll, wird im achten Gleichnis gar nicht gesprochen. Hier handelt es sich einzig und allein um die Entstehung der idealen Kirche, welche sich aus den wahren Gliedern der empirischen Kirche herausbildet. Würdig zum Eintritt in die ideale Kirche ist der, welcher das bei der Taufe ihm mitgeteilte Gesetz nicht verletzt oder übertreten hat, oder aber durch anhaltende Buße den verletzten Taufbund wieder erneuert hat und das Gesetz des Herrn nicht mehr verleugnet. Der Gedanke, welcher das ganze achte Gleichnis beherrscht, ist die Bewahrung des Taufbundes

---

[1]) Sim. VIII, 2, 5. 6.
[2]) So Zahn a. a. Ort.
[3]) So Zahn a. a. Ort.

oder die Erneuerung desselben durch Buße; jene besteht darin, daß das in der Taufe mitgeteilte Gut erhalten; diese darin, daß es durch die Buße wieder lebensfähig und fruchtbringend gemacht wird. Sollte nun der Maßstab für die Würdigkeit zur Mitgliedschaft der idealen Kirche die Bewahrung des Taufbundes oder die Erneuerung desselben durch Buße sein, dann mußte, sollte das ganze Gleichnis verstanden werden, von der Mitteilung des Taufgutes gesprochen werden. Und zu diesem Zweck wird auch nur davon gesprochen, nicht um den Eintritt der Individuen in die Kirche zu versinnbildlichen. Diese sind vielmehr schon in die Kirche eingetreten, denn von den unter der Weide Versammelten heißt es οἱ ἀκούσαντες τοῦ κηρύγματος καὶ πιστεύσαντες εἰς αὐτόν, wie denn die Kirche im achten Gleichnis als ein geschlossenes Volk erscheint, was im ersten Akt des neunten Gleichnisses nicht der Fall ist.

Übertragen wir was im achten Gleichnis bildlich geredet ist in Prosa, so haben wir folgenden Gedanken: Der Sohn Gottes ward in alle Welt verkündigt; denen, die diese Predigt hörten und ihr glaubten, teilte er sich selbst mit. Will man in diesem nur zur Verständlichkeit des Bildes aufgenommenen Gedanken den Aufbau der empirischen Kirche finden und nicht vielmehr dieses, daß allen Gläubigen, die zur empirischen Kirche gelangten, bei ihrer Taufe der Herr sich mitgeteilt habe; und will man in diesem Gedanken ferner eine Thätigkeit des Michaels beim Bau der Kirche möglichst betont sehen: so mag es sein, dann ist es aber keine andere als die, welche dem Herrn der Kirche im neunten Gleichnis, sofern er mit der πύλη identisch ist, zugeschrieben wird.

Da wir uns überzeugt haben, daß, sollte Michael nicht identisch sein mit dem Sohn Gottes, der ungereimte Gedanke entstünde, der Sohn Gottes werde persönlich von einem Engel jedem Gläubigen in's Herz gesenkt; daß vielmehr wie Sim. V Christus der Gesetzgeber für die Seinen ist, er es auch Sim. VIII sein muß, wie ja denn auch der Sohn Gottes sein, des Michaels Gesetz genannt wird; da ferner im achten Gleichnis Glauben an das Gesetz, welches der Sohn Gottes ist, gefordert wird, und das Gesetz ebendort als Gegenstand der Predigt erwähnt wird, da endlich Gesetz und Gesetzgeber identisch sind, so sind wir berechtigt zu der Behauptung, daß Hermas, indem er das Gesetz als Gegenstand der Predigt hinstellt und Glauben an dasselbe fordert, damit zugleich dasselbe dem mit dem Gesetz identischen Gesetzgeber d. i. Michael vindiciert.

Alle Einwände gegen die Identität Michaels und Christi sind also nicht stichhaltig. Dagegen spricht für dieselbe so überzeugend wie nur möglich), daß beiden die Prüfung der Kirche zugeschrieben wird.

Wenn Zahn es ebensowenig anstößig findet, daß diese Prüfung das eine Mal einem Engel, das andere Mal dem Herrn selbst beigelegt wird, als wenn der heilige Geist und Gott der Vater Schöpfer genannt werden, oder als wenn die Parusie Christi einmal als Parusie Gottes erwähnt wird: so ist doch zu beachten, daß es ganz etwas anderes ist, wenn das Werk einer göttlichen Hypostase als das der andern gedacht wird, als wenn das Werk des Sohnes Gottes als das Werk eines Engels angeschaut wird. Dazu kommt noch, daß dem Michael nicht bloß die Prüfung zugeschrieben wird, sondern daß von ihm ausdrücklich bemerkt wird, er habe die ideale Kirche unter seiner alleinigen Gewalt. Und was die Parusie anlangt, so ist an jener Stelle[1]) gar nicht an eine Parusie Christi zu denken und diese kann daher nicht als die Parusie Gottes bezeichnet sein. An jener Stelle ist der Tag des Herrn gemeint, mit welchem allerdings die Parusie Christi zugleich erfolgen wird, und so ist es natürlich wiederum ganz etwas anders, wenn pars pro toto oder totum pro parte gesetzt wird, als wenn gleiche Dinge auf ungleiche Personen übertragen werden.

Nach diesen Erörterungen bleibt es also dabei, daß Hermas sich den Sohn Gottes als $\mathring{\alpha}\gamma\gamma\varepsilon\lambda o\varsigma\ \tau o\tilde{v}\ \varkappa v\varrho\acute{\iota}o v$ id est Michael gedacht hat. Da nun auch der heilige Geist Sohn Gottes ist, so müssen wir sagen: in seiner Präexistenz ist der Sohn Gottes für Hermas der heilige Geist, in seiner Posteristenz ist ihm der Sohn Gottes der mit dem Menschen Jesus vereinigte heilige Geist, und dieser posteristente Sohn Gottes wird von ihm als $\mathring{\alpha}\gamma\gamma\varepsilon\lambda o\varsigma\ \tau o\tilde{v}\ \varkappa v\varrho\acute{\iota}o v$ d. i. Michael vorgestellt.

Weil nun der heilige Geist, welcher an sich der präexistente Sohn Gottes ist, in Verbindung mit dem Menschen Jesus der posteristente Christus ist, von Hermas für den $\mathring{\alpha}\gamma\gamma\varepsilon\lambda o\varsigma\ \tau o\tilde{v}\ \varkappa v\varrho\acute{\iota}o v$ gehalten wird, darum zählt er nicht sieben, sondern nur sechs oberste Engel. Daß er nicht kurzweg von einer Siebenzahl redet, hat seinen Grund darin, daß er den als Michael gedachten heiligen Geist und die sechs Engel qualitativ unterschieden sein läßt. Diesen eignet Geschöpflichkeit, jener ist gezeugt und hat ein ewiges Sein beim Vater, dessen Ratgeber er bei der Schöpfung, also auch bei der Engelschöpfung gewesen ist. Und wie er bei ihrer Schöpfung thätig gewesen ist, so ist er auch ihr alleiniger Mittler. Wie eng er auch mit ihnen verbunden sein mag, er steht doch seinem Wesen nach hoch über ihnen. Er ist der eingeborne Sohn vom Vater, dem es eignet Engel zu sein, vielleicht nur in seiner Offenbarung den Menschen und Engeln gegenüber, nachdem er auch die Menschheit

---

[1]) Sim. V, 5.

in seine Natur und Seinsweise aufgenommen hat. Weil nun Hermas den Sohn Gottes, der auch ein Engel ist, so deutlich von allen übrigen Engeln absondert und ihn, indem er dies thut, mit Gott als seinem Vater zusammenstellt: darum vollzieht er nie die Addition von $6+1$; darum fordert er und kann er fordern ausschließlichen Glauben an Gott, der alles aus dem Nichtsein in's Dasein rief, und ebenso rückhaltslos den Glauben an den Sohn Gottes als Heilsbedingung.

b) Das Werk des Erlösers.

§ 12.

Dreifach ist das Werk, welches Christus vom Beginn seiner Thätigkeit bis zum Tage des Herrn teils im Gehorsam gegen einen ihm von Gott erteilten Auftrag, teils in freiwilliger Dienstleistung vollbringt.

Der erste Teil besteht in der Befestigung des ihm anvertrauten Volkes durch Anordnung einer Engelhut,[1]) der zweite in der Tilgung der Sünden seines Volkes,[2]) der dritte in der Mitteilung des von Gott empfangenen Gesetzes an die von ihren Sünden Gereinigten.[3]) Nur das erste Werk war ihm aufgetragen,[4]) die beiden andern sind über den geforderten Gehorsam hinaus gehende Leistungen. Da nun Hermas sagt, daß Christus wegen der opera supererogatoria erhöht sei,[5]) also diese Werke als vollendet schaut, andererseits aber sagt, daß diese Werke vollendet würden in der Zeit bis zum Tage des Herrn;[6]) so folgt daraus, daß er keinen Unterschied macht zwischen dem einmal auf Erden vollbrachten Werke und dem Werke, welches er fortdauernd in den Herzen der Gläubigen vollbringt;[7]) keinen Unterschied also kennt zwischen der einmal geschehenen Erlösung und der objektiven Aneignung derselben durch den erhöhten Christus. Daraus folgt aber weiter, daß er auf den Sühnungstod Christi kein Gewicht legt, wie er denn auch desselben nie Erwähnung thut,[8]) auch im fünften Gleichnis nicht. Hier erfahren

---

[1]) Sim. V, 6, 2. Vergl. Hebr. 1, 14.
[2]) Ebenda. Vergl. V, 2, 3.
[3]) Ebenda. Vergl. V, 2, 9. 5, 3. Mand. VI.
[4]) Sim. V, 2, 3. 5, 3.
[5]) Sim. V, 6.
[6]) Sim. V, 5, 3.
[7]) Vergl. Harnack a. a. Ort, Seite 153: Hermas nullum discrimen facit inter opus Christi quod in terris peregit, et illud quod semper in cordibus fidelium perficit.
[8]) Vergleiche Lipsius a. a. Ort, Seite 50. „Ich füge hinzu, daß selbst die Adoption Jesu zum Miterben und Genossen des präexistenten υἱὸς τοῦ θεοῦ unter dem Ge-

wir nur, daß die Sündenreinigung viel Mühe und Arbeit bereitet habe, denn die Behauptung Zahns,[1]) daß die starke Hervorhebung der Mühe, welche der Sohn darum zu erdulden hatte, an nichts anderes, als das im Tode gipfelnde Leiden Jesu denken lasse, ist schon um deswillen falsch, weil Hermas an dieser Stelle nicht so sehr einseitig auf das Werk des Knechtes als vielmehr des erhöhten Christus blickt, da er von dem, dessen Werk er beschreibt, nicht blos sagt $εἰς ἐξουσίαν μεγάλην καῖται καὶ κυριότητα$, sondern auch $αὐτὸς κύριός ἐστι τοῦ λαοῦ ἐξουσίαν πᾶσαν λαβὼν παρὰ τοῦ πατρὸς αὐτοῦ$.

Hat Hermas kein Gewicht auf den Opfertod Christi gelegt, ja hat er keinen Unterschied zwischen seinem irdischen und nachirdischen Werk fixiert: so kann er Christi irdische Wirksamkeit nur als der nachirdischen analog gedacht haben, und die Reinigung von Sünden können wir uns daher nur als durch Wirkung der Buße in den Gläubigen geschehen vorstellen und müssen die Frage offen lassen, ob diese nur in Ermahnung und sittlicher Erziehung oder in dynamischer Einwirkung auf das Herz der Gläubigen bestanden habe. Mit Sicherheit läßt sich nur sagen: Gemäß der ihm gewordenen Aufgabe sondert der Knecht durch Umzäunung den Weinberg von dem übrigen Acker ab, d. i. gränzt die werdende christliche Kirche gegen die Welt ab, stellt eine von der übrigen Menschheit unterschiedene und unterscheidbare Gemeinde her;[2]) diese reinigt er von Sünden, ertötet in ihr durch Buße den fleischlichen Sinn und, gleichviel ob nachdem er dies gethan oder zugleich indem er dies thut,[3]) giebt er ihr das vom Vater empfangene Gesetz, wendet sie durch Ermahnung und sittliche Erziehung dem Willen Gottes zu.

Diese auf Erden in der Gestalt des Knechtes begonnene Wirksamkeit setzt er, nachdem er um derselben willen erhöht worden, fort als Herr der Kirche: er entsendet die Engelhut, er wirkt und läßt Buße wirken in den Gläubigen und giebt ihnen sich selbst als Gesetz und Lebenskraft in's Herz. Ohne diese seine Wirksamkeit kommt niemand zum Vater, dadurch offenbart er sich als die alleinige $πέτρα$ und $πύλη$ der Kirche; und diese seine Mittlerschaft ist von universalster Bedeutung, umschließt

---

sichtspunkt einer Belohnung seines überschüssigen Verdienstes gestellt wird oder als ein über den ihm sonst für die „Kundmachung der Pfade des Lebens" (!) gebührenden Lohn noch hinausgehendes Mehr erscheint. Ja, wenn man die Worte Sim. V, 2 mit Sim. V, 6 vergleicht, so drängt sich die Vermutung auf, daß Hermas das specifisch Neue im Christentum eben in diesem überschüssigen Verdienst Christi gefunden hat."

[1]) A. a. Ort, Seite 252.
[2]) Zahn, Hirt des Hermas, Seite 250.
[3]) Ebenda, Seite 252.

Menschen und Engel, die ganze persönliche Creatur. Durch sie ist er ihr νόμος und νομοτέϑης, ihr Richter und König, als welcher er mit großer Macht über sie herrscht, sie prüft, die Bösen aussondert, die Besserungsfähigen zur Vollkommenheit zu führen sucht, die Schlechten bestraft, die Guten belohnt, und der Triumph dieser seiner königlichen Wirksamkeit an der empirischen Kirche besteht darin, daß er sie zur idealen heranbildet, so daß die Kirche Gottes ist ἐν σῶμα, μία φρόνησις, εἷς νοῦς, μία πίστις, μία ἀγάπη καὶ τότε ὁ υἱὸς τοῦ ϑεοῦ ἀγαλλιάσεται καὶ εὐφρανϑήσεται ἐν αὐτοῖς ἀπειληφὼς τὸν λαὸν αὐτοῦ καϑαρόν.¹)

3. Die kirchliche Thätigkeit.

Den großen Gottesthaten zur Verwirklichung der idealen Kirche steht die kirchliche Thätigkeit zur Seite. Sie stellt sich dar im Zeugnis, in der Verwaltung der Sakramente und im kirchlichen Amt.

§ 13. Das Zeugnis der Kirche.

Begründet ist die Kirche, wie wir oben gesehen haben,²) durch das Wort des allmächtigen und herrlichen Namens. Wir verstanden unter diesem Wort schon um des Parallelismus willen, in dem es mit dem schöpferischen Wort Gottes steht, ein einmaliges Wort, den Missions- und Taufbefehl des Herrn (Matth. 28). Gemäß diesem Befehle ist denn auch von denen, an die er gerichtet war, und deren Nachkommen mit größtem Eifer verfahren. Unter allen Völkern bereits³) überall⁴) bis an die Enden der Welt⁵) ist der Name des Herrn verkündigt. Das Zeugnis nun ist doppeltes, nämlich τὸ κήρυγμα καὶ ἡ διδασκαλία.

Die Predigt, für die sich in dem ganzen Buch der Name Evangelium nicht findet, wird ὁ λόγος,⁶) ὁ λόγος τοῦ κυρίου,⁷) τὸ κήρυγμα τοῦ υἱοῦ τοῦ ϑεοῦ,⁸) ὁ νόμος⁹) genannt.¹⁰)

Von einem Selbstzeugnis des Herrn lesen wir bei Hermas nichts; es ist das um so weniger auffällig, als ihm nicht die innerweltliche,

---

¹) Sim. IX, 18, 4.
²) Vergl. Seite 15, f. 21.
³) Sim. IX, 17, 1.
⁴) Sim. IX, 25, 2.
⁵) Sim. VIII, 3, 2.
⁶) Vis. III, 7, 3.
⁷) Sim. IX, 25, 2.
⁸) Sim. IX, 15, 4.
⁹) Sim. VIII, 3, 2—7.
¹⁰) Möglich ist, daß die Predigt auch ἡ ἀλήϑεια (Sim. VIII, 9, 1) genannt wird, deutlich ist es aber keineswegs. Ebenso ist es mit Vis. III, 7, 2.

sondern die überweltliche Stellung des Herrn vor allem vor Augen steht, des Herrn, der wiederkommen wird, um zu sehen, ob die Christen sein Gesetz bewahrt und seine Gebote gehalten haben. Das Zeugnis des Herrn ist eine Verkündigung des von Gott empfangenen Gesetzes und eine Kundmachung der Pfade des Lebens.¹) Demgemäß sind denn auch die ἐντολαί τοῦ κυρίου der Inhalt der apostolischen und nachapostolischen Predigt; denn wenn das Wandeln nach den ἐντολαῖς τοῦ κυρίου die Bedingung der Rettung und des ewigen Lebens ist,²) so müssen diese ἐντολαί durch die Predigt den Gläubigen mitgeteilt sein.

Mag Hermas nun auch der Worte, Lehren und Gebote des Herrn nur an wenigen Stellen seines Buches Erwähnung thun,³) so genügen diese wenigen doch zumal in Verbindung mit dem fünften Gleichnis, um es mehr als wahrscheinlich zu machen, daß dem Hermas der Standpunkt nicht fremd gewesen ist, auf dem ihm das Evangelium resp. die christliche Lehre als ein neues Gesetz erscheinen mußte.⁴)

Ausdrücklich nennt er die Lehre Christi Gesetz — νόμος in ihrer Einheit, ἐντολαί in ihrer Mannigfaltigkeit — und ebenso ist ihm die Lehre von Christo ein Gesetz, und die Frucht der Predigt, der Glaube, ist ihm gleichbedeutend mit dem Gehorsam gegen das von Christo gegebene, durch die Apostel und Lehrer weiter getragene Gesetz. Damit ist nicht im Widerspruch, daß auch der Sohn Gottes als Inhalt der christlichen Predigt genannt wird.⁵) Keineswegs aber ist die Meinung des Hermas die, daß nur die geschichtliche Person des Sohnes Gottes Gegenstand der Predigt sei.⁶) Hermas selbst hat in dem eigens zu solchem Zweck ersonnenen Gleichnis das Thun des gerechten Knechtes als für die Gläubigen nachahmenswert empfohlen, und wenn er im achten Gleichnis den Sohn Gottes Gesetz nennt, so kann er dies nicht,

---

¹) Sim. V, 6, 3.
²) Sim. VIII, 7, 6.
³) Vis. III, 5, 3. Sim. VIII, 7, 6. Sim. V, 5, 3. Harnack: Hermas τὰ λόγια τοῦ κυρίου appellat ἐντολάς ut Papias (ap. Euseb. III, 39, 3); cf. N. T. imprimis ev. et epp. Joann. II. Petr. 3, 2. II. Clem. 3, 4. 4, 5. 6, 7. 8, 4. 17, 1. 3, 6.
⁴) Vergl. Harnack zu Sim. VIII, 3, 2 und zu Barnabas 2, 5. Ritschl, Altkatholische Kirche, zweite Ausgabe, Seite 312. Sim. V, 6, 3. Justin. Dialog. c. Tryph. c. 14, 12, 11, 43, 112. Praedic. Pauli et Petri (Hilgenfeld, Nov. Test. IV, S. 59, 8.)
⁵) Darauf deuten Ausdrücke wie ὁ λόγος τοῦ κυρίου, (wiewohl dieser Ausdruck auch anders gefaßt werden kann), τὸ κήρυγμα τοῦ υἱοῦ τοῦ θεοῦ, κηρύσσειν τὸ ὄνομα τοῦ υἱοῦ τοῦ θεοῦ, besonders aber die Ausführungen des achten Gleichnisses.
⁶) Zahn, Hirt des Hermas: „Die Predigt des Sohnes Gottes hat nicht etwas, was der Sohn Gottes gelehrt oder geboten hat zum Inhalt, sondern die geschichtliche Person des Sohnes Gottes."

weil derselbe als das den Gläubigen sich vermittelnde Lebensprinzip Gesetz ihres Lebens wird — dieser ganz immanente und dynamische Vorgang, der erst die Frucht des durch die Predigt erzeugten Glaubens ist, kann nicht selbst Gegenstand der Predigt sein —, sondern Gesetz nennt er ihn, weil er durch sein heiliges Leben eine reale Verkörperung des ihm von Gott zur Mitteilung gegebenen Gesetzes und dadurch verpflichtendes Vorbild ist. Daß aber diese Behauptung sich nicht mit dem achten Gleichnis vertrage, weil dort der Gedanke an das Gesetz zugleich den Gedanken an eine Person involviere,[1]) ist eine nicht hinreichend begründete Interpretation. Es ist durchaus nicht so, als ob jenes $ἤδη$ $εὐηρέστησαν$ $τῷ$ $νόμῳ$[2]) nur einen Sinn hätte, wenn unter dem $νόμος$ eine Person zu verstehen ist. Aber zugestanden, es sei so: nicht weit davon finden wir $παρέβησαν$ $τὸν$ $νόμον$, $ὃν$ $ἔλαβον$ $παρ'$ $αὐτοῦ$.[3]) Hier kann dem Autor bei $νόμος$ unmöglich eine Person vorgeschwebt haben. Es folgt daraus, daß die Ausdrücke nicht für eine vorgefaßte Meinung urgiert werden können, wenn auch in den Parallelstellen der sächliche Begriff durch einen persönlichen ersetzt ist. Insofern also Christus einerseits das Gesetz kund gethan, andererseits es durch sein Leben real verwirklicht hat, ist er selbst das verpflichtende Gesetz, und indem nun die Predigt von ihm beide Beziehungen zur Darstellung bringt und sowohl Gehorsam gegen das von ihm gegebene Gesetz, als auch Nachahmung seines Wandels fordert: ist sie — mag sie als $κήρυγμα$ oder $διδασκαλία$ auftreten — selbst ein Gesetz, das darauf abzielt, die Kirche ihrer idealen Gestalt entgegenreifen zu lassen.

Neben der einfachen Verkündigung ($κήρυγμα$)[4]) und der Unterweisung in der neuen Lehre ($διδασκαλία$)[5]) kennt Hermas noch ein anderes Mittel zur Förderung christlicher Erkenntnis, die prophetische Rede, welche in gottesdienstlichen Versammlungen nach voraufgegangenem Gebet laut wird und durchaus gläubige Aufnahme verdient. Die prophetische Rede,[6]) insoweit sie wirklich eine wahre ist, ist nicht auf menschlichen Willen, sondern auf göttliche Eingebung zurückzuführen.[7])

---

[1]) So Zahn.
[2]) Sim. VIII, 3, 5.
[3]) Ebendaselbst.
[4]) Sim. VIII, 3, 2. IX, 15, 4. IX, 16, 5. 17, 1. 25, 2.
[5]) Vis. III, 5, 1. IV, 1, 8. Sim. IX, 19, 3. 25, 2. Mand. IV, 3, 1. Sim. IX, 15, 4. 16, 5. 19, 2. 25, 2.
[6]) Mand. XI.
[7]) Hilgenfeld, Glossololie, Seite 73. Apost. Väter, Seite 164. Dorner a. a. O. I. Seite 186. Ritschl, Altkathol. Kirche. Lipsius, Zeitschrift für wissenschaftl. Theol. 1869, Seite 292. Zahn, Jahrb. f. d. Th. 1876, Seite 204. Behm, Pers. d. Hirten 1876, Seite 52.

Daraus folgt indes keineswegs, wie man behauptet hat, daß Hermas die montanistische Prophetie als die richtige und in seinem Kirchenkreise vorkommende geschildert hat. Die von ihm beschriebene Prophetie gleicht durchaus der von den Aposteln charakterisierten und hat nichts von den Merkmalen der montanistischen an sich. Zwar ist der Prophet vom heiligen Geist erfüllt und redet aus der Fülle desselben heraus; zwar ist auch jede einzelne prophetische Offenbarung auf die Anregung des Geistes zurückzuführen: aber der Prophet wird nicht mit dem prophetischen Geist identificiert, er redet selbst und ist nicht blos ein tönendes Werkzeug des Geistes; sein Selbstbewußtsein ist nicht unterdrückt, sondern vielmehr gesteigert und eben dadurch steht er in der Mitte zwischen dem Lehrer, der nur lehrt, was Resultat seiner Ueberlegung und seines Wissens ist, und dem in Erstase Redenden, der seinem Geiste Fremdes in der Entzückung zu offenbaren gezwungen wird. Da nun die von Hermas geschilderte prophetische Rede nicht im Dienst einer vorwitzigen Neugier steht, die ungeduldig nach dem künftigen sei es irdischen sei es überirdischen Geschick der Menschen fragt; auch fern sich hält von der Vorherverkündigung weltlicher oder kirchlicher Verhältnisse und Ereignisse, endlich nicht für sich, sondern nur in gottesdienstlichen Versammlungen und, wie es scheint, nur nach vorausgegangenem Gebet der Versammelten um sie auftritt: so kann sie nur auf besseres und tieferes Verständnis der Heilswahrheiten abzielen und dient gleich wie Predigt und Lehre zur Erbauung der christlichen Kirche.

§ 14. Die taufende Kirche.

Die zeugende Kirche beruft in mannigfacher Verkündigung, in amtlicher und außeramtlicher, in ordentlicher und außerordentlicher alles Volk zum Glauben. Darin offenbart sich aber nur die eine Seite ihrer grundlegenden Thätigkeit. Mit allem Zeugnis will sie auf die Taufe hinaus. Darum wird diese auch geradezu als Gegenstand der Verkündigung dargestellt.[1]) Daraus erhellt schon die große Bedeutung, welche Hermas der Taufe beimißt. Stärker betont er ihre absolute Notwendigkeit, wenn er sie als das Fundament der Kirche denkt[2]) und keine Heilserlangung ohne den Empfang der Taufe kennt.[3]) So sehr ist er davon durchdrungen, daß er die Apostel nach ihrem Tode an den

---

[1]) Sim. IX, 16, 4.
[2]) Vis. III, 2.
[3]) Sim. IX, 16, 1. Vis. III, 3.

Ort der Abgeschiedenen gehen und die alttestamentlichen Frommen taufen läßt.¹) Eine Anschauung, die sich sonst nicht findet. „Schärfer als hierdurch geschieht, konnte die Neuheit des christlichen Lebens und die Heilsnotwendigkeit der Erscheinung Christi nicht ausgedrückt werden."²) Die Taufe, ἡ σφραγίς genannt, wird auf den Namen Christi vollzogen, der über den Täufling gerufen wird.³) Daher heißt sie auch ἡ σφραγίς τοῦ υἱοῦ τοῦ θεοῦ.⁴) Daraus aber und aus dem Schweigen des Hermas von einer Taufe auf den dreieinigen Gott darf man nicht folgern, daß er nur eine Taufe auf den Namen des Sohnes gekannt habe, denn die Taufe ist von je her in apostolischen und nachapostolischen Schriften kurz eine Taufe auf den Namen des Sohnes genannt worden.⁵)

Die Taufe ist nun nicht blos das Siegel der Verkündigung, nicht blos eine symbolische Handlung, durch welche die Gewißheit des verkündeten Heils verbürgt werden soll,⁶) sondern sie ist dem Hermas eine Erneuerung des ganzen Menschen. Ganz paulinisch denkt er den Menschen in Sünden erstorben.⁷) Durch die Taufe werden die Sünden vergeben.⁸) Damit ist der alte Zustand (νέκρωσις) aufgehoben und an seine Stelle ein neuer gesetzt, der nun wahres Leben ist.⁹) Daher haben denn auch die Getauften die Kraft, alle ferneren Sünden zu meiden.¹⁰) Damit hängt die Anschauung zusammen, daß in der Taufe nur die bis zu derselben begangenen Sünden vergeben werden, nach derselben aber keinerlei Sündenvergebung mehr stattfinde.¹¹) Scheint es demnach, als ob Hermas nichts weiß von einem durch die Taufe vermittelten dauernden Gnadenverhältnis mit Gott, so mildert er diese strenge Auffassung doch durch die Verkündigung einer zweiten Buße für die späteren Sünden, welche

---

¹) Sim. IX, 16, 3—7.
²) Zahn, Hirt des Hermas.
³) Sim. VIII, 1, 1. IX, 17, 4. Vis. III, 7.
⁴) Sim. IX, 16, 3.
⁵) Vergl. Actor. 2, 38; 8, 16; 10, 48; 19, 5. Gal. 3, 27. Clem. Recog. I, 39.
⁶) So wird sie Sim. IX, 16, 5 bezeichnet: ἔδωκαν αὐτοῖς τὴν σφραγῖδα τοῦ κηρύγματος.
⁷) Siehe Seite 16—19 und vergleiche Sim. IX, 16, 2. Vis. I, 1, 8. Mand. IV, 1, 2. Mand. XII, 2, 3; 1, 3.
⁸) Mand. IV, 3, 1, 3.
⁹) Sim. IX, 16, 2; 16, 3: ... ὅταν δὲ λάβῃ τὴν σφραγῖδα, ἀποτίθεται τὴν νέκρωσιν καὶ ἀναλαμβάνει τὴν ζωήν.
¹⁰) Mand. IV, 3, 2.
¹¹) Mand. IV, 3, 1. Vergl. Lipsius a. a. Ort, Seite 37: „Es ist klar, daß sich der Hirt prinzipiell auf die Seite jener strengeren montanistischen Grundsätze stellt, welche nach der Taufe keinerlei Sündenvergebung zuließen."

Gott aus Erbarmen mit seiner Schöpfung ausnahmsweise eintreten lassen wird.¹)

Die Taufe bringt auch — und das ist ihre größte Bedeutung — in eine reale Lebensgemeinschaft mit dem Sohn Gottes,²) indem sie den Empfang des heiligen Geistes vermittelt. Gott giebt zwar den heiligen Geist,³) läßt ihn wohnen im Menschen wie in einem Gefäß,⁴) daß aber dies gleichzeitig mit der Taufe geschieht, erhellt aus dem achten Gleichnis. Mit dem heiligen Geist empfängt der Christ auch die Kraft zum heiligen Leben, das wird ausgedrückt durch die sieben oder zwölf Geister, welche zugleich mit dem Namen des Sohnes Gottes angenommen werden müssen.⁵) Daß die sieben resp. zwölf Jungfrauen nicht den heiligen Geist darstellen, ist schon oben abgewiesen. Sie stellen nichts anderes als durch den Geist gewirkte Tugenden dar, vermöge deren der Christ in die ideale Kirche eingeht, sie repräsentieren die religiöse und sittliche Beschaffenheit, an welche die Aufnahme in die ideale Kirche geknüpft ist. Wer den heiligen Geist empfangen hat, der hat auch diese, denn der Geist ist Kraft und Leben und strebt darnach den Menschen ganz zu erfüllen, d. h. all sein Denken und Thun zu bestimmen.

Diese verschiedenen Folgen der Taufe sind aber nur da, wo wahrer Glaube ist und ein völliger Bruch mit dem alten Menschen stattgefunden hat. Wer in heuchlerischem Glauben die Taufe empfangen hat, ist wohl Glied der empirischen Kirche, aber nie und nimmer der idealen Kirche.⁶) Die Taufe wirkt also nicht in magischer Kraft und ebenso wenig verleiht sie einen character indelebilis. Viele, die der Kirche im Glauben angehörten, haben doch das mit der Taufe empfangene Gnadengut völlig verloren und werden trotz ihrer Taufe nie in's Reich des großen Königs eingehen; der heilige Geist, in dessen Kraft die Christen in Heiligkeit erhalten werden, ist ein nur geliehenes, empfindliches und zart zu behandelndes Gut, das leicht wieder entflieht.⁷) Wo aber die Taufe recht empfangen ist und das durch sie erteilte Gnadengut unbefleckt erhalten wird: da macht sie nicht blos den Einzelnen zu einem würdigen Gliede der Kirche, da schafft sie auch, daß die Einzelnen

---

¹) Mand. IV, 3, 4—6.
²) Vergl. Zahn, Hirt des Hermas, Seite 155—165.
³) Mand. III, 1: ... τὸ πνεῦμα, ὃ ὁ θεὸς κατῴκισεν ἐν τῇ σαρκὶ ταύτῃ .. Vergl. Mand. V, 1, 2, Sim. V, 6, Mand. X, 2, 5.
⁴) σκεῦος Mand. V, 1, 2; auch κεράμινον, ἄγγος, ἀγγεῖον.
⁵) Sim. IX, 13.
⁶) Sim. IX, 4. Vis. III, 6.
⁷) Mand. V, 1.

zur innigsten Gemeinschaft zerschmelzen, einen Sinn, einen Verstand, einen Glauben, eine Liebe haben, kurz als ein von einem Geiste beseelter Leib erscheinen.[1]

Die Frucht der Taufe ist also vor allem die Heiligung, die Rechtfertigung tritt zurück. Damit hängt es denn auch zusammen, daß Hermas von dem andern Sakrament ganz schweigt. Wie er auf den Opfertod Christi kein Gewicht legt, so auch nicht auf das zur Erinnerung an seinen Tod eingesetzte Abendmahl. Diese Unterlassung ist um so bedeutsamer, als er durch die Taufe nur die bis zu derselben begangenen Sünden vergeben werden läßt und eine zweite Buße nicht für statthaft erkennt.[2] Es erklärt sich diese Anschauung wohl daraus, daß ihm, wie wir schon kurz angedeutet haben, vor allem der Herr der Herrlichkeit vorschwebt, der nahe ist,[3] sowie daraus, daß das Abendmahl noch rein als eine Gedächtnisfeier, nicht als Sakrament gefaßt wurde. War es nur eine Gedächtnisfeier, so konnte Hermas es zu seinem Zweck, eine Heiligkeit und Geistigkeit der Kirche heranzubilden, nicht gerade empfehlen.

§ 15. Die Verfassung der Kirche.[4]

Hermas scheidet auf's deutlichste die wesentliche und empirische Kirche. Wiewohl er der letzteren ein großes Interesse entgegenbringt und seine ganze Bußmahnung auf die Erneuerung derselben hinzielt, so ist ihm doch die ideale Kirche die Hauptsache. Keineswegs legt er schon, wie es später geschah, auf den äußeren Organismus der Kirche den Hauptaccent und noch viel weniger macht er von der bloßen Zugehörigkeit zu derselben, sondern von dem gläubigen Empfang der Taufe und deren Bewahrung, also von einer gewissen religiösen und sittlichen Beschaffenheit das ewige Heil abhängig. Aber macht der Hirt Formen und Äußerlichkeiten auch nicht zu Wesensmomenten der Kirche; er vernachlässigt sie doch auch nicht, geschweige denn daß er sie bekämpft. Er weiß sehr wohl, daß die äußerliche Verfassung der Kirche zur Förderung des Glaubens dient. Durchaus darf daher nicht behauptet werden,

---

[1] Sim. IX, 13; 17, 4: λαβόντες οὖν τὴν σφραγῖδα μίαν φρόνησιν ἔσχον καὶ ἕνα νοῦν, καὶ μία πίστις αὐτῶν ἐγένετο καὶ μία ἀγάπη, καὶ τὰ πνεύματα τῶν παρθένων μετὰ τοῦ ὀνόματος ἐφόρεσαν. 17, 5: μετὰ δὲ τὸ εἰσελθεῖν αὐτοὺς ἐπὶ τὸ αὐτὸ καὶ γενέσθαι ἐν σῶμα, τινὲς ἐξ αὐτῶν ἐμίαναν ἑαυτοὺς καὶ ἐξεβλήθησαν ἐκ τοῦ γένους τῶν δικαίων.
[2] Mand. IV, 1.
[3] Vis. II, 3, 4.
[4] Vis. II, 2, 6; 4, 2; 4, 3; III, 1, 8; 5, 1; 9, 7; Sim. IX, 27, 1. 2; Sim. VIII, 7, 4. Vergl. Zahn, Hirt des Hermas, Seite 93 f.; Behm a. a. O., Seite 34.

daß Hermas den Episkopat in Frage stelle, ihm wenigstens feindlich gesinnt sei.[1]) Die Stellen, auf die man sich zur Begründung dieser Ansicht berufen hat, sind anders zu verstehen. Allerdings scheint es, als ob Hermas den Presbytern keine größere Ehre beigemessen wissen will, als den Laien,[2]) allerdings tadelt er die Presbyter, tadelt sie auch wegen ihres ehrgeizigen Strebens,[3]) aber daß er soweit gegangen sei, den nach dem Episkopat strebenden Presbyter mit dem falschen Propheten,[4]) dem Teufelsdiener zu identificieren, kann nur der behaupten, welcher das elfte Mandat nur oberflächlich gelesen hat. Zur Zeit des Hermas vollzog sich die Umbildung der presbyterialen in die episkopale Kirche. Daß dabei unliebsame Rangstreitigkeiten vorgekommen sind, das konstatiert Hermas und das tadelt er, damit tritt er der Sache an und für sich durchaus nicht feindlich entgegen, empfiehlt sie aber auch nicht. Ihm sind vor der Hand drei Ämter ausreichend zur Erziehung der Gemeinde, das Amt der Bischöfe oder Presbyter oder Vorsteher, das Amt der Lehrer und Doktoren, das Amt der Diakonen. Hermas stellt meist Apostel und Lehrer, Bischöfe und Diakonen zusammen, woraus hervorgeht, daß ihm das Amt der Apostel und Lehrer, also das Predigtamt älter und wichtiger erscheint als das der Bischöfe und Diakonen, also als das Kirchenregiment, und das bestätigt unsere oben angeführte Ansicht, daß ihm die äußere Form nicht so wichtig ist.

Den Bischöfen lag zunächst ob, die Gemeinde zu verwalten, nicht blos kirchenregimentlich, sondern pastoral. Sie sollten Erzieher sein, die die noch Schwachen zur Selbstbeherrschung und Selbständigkeit heranbilden; sie sollten Hirten sein, die sich der Armen, der Witwen und Waisen annehmen, jede Seele auf dem Herzen tragen, weil sie über jede Seele Rechenschaft geben müssen.[5])

Unterbeamten der Presbyter sind die Diakonen. Sie scheinen im Auftrage der ersteren mit der speciellen Armen- und Waisenpflege betraut gewesen zu sein.[6])

---

[1]) So Dorner, dem Andere gefolgt sind. Siehe dagegen Harnack Proleg. Seite LXXXI flg. Behm, Verfasser des Hirten, Seite 36. Vergl. auch Ritschl, Altkath. Kirche, Seite 403.
[2]) Vis. III, 1, 8. Harnack: Hermas occasionem quaesivisse videtur, ubi ecclesia contestaretur, presbyteros non in majore honore esse laicis.
[3]) Vis. III, 9, 7—10.
[4]) Vergl. Ritschl, Altkath. Kirche, Ausgabe 1, Seite 554. Dorner, Entwickelungsgeschichte. Dagegegen Hilgenfeld, Apost. Väter, Seite 164. Lipsius a. a. Ort 1866, Seite 61. Zahn a. a. O., Seite 103. Behm, Seite 52.
[5]) Vis. III, 9, 10. Sim. IX, 27.
[6]) Sim. IX, 26, 2.

Wiewohl das Lehramt dem Hermas das wichtigste von allen gewesen ist, scheint er es dennoch nicht als ein ständiges resp. ausschließliches Kirchenamt gekannt zu haben. Wenigstens haben auch Laien das Predigtamt, denn die öfters genannten doctores sind keine presbyter docentes, sondern ganz allgemein christliche Lehrer, ob sie nun Apostel und Presbyter gewesen sind oder nicht.[1]) Das Lehramt umfaßte nun nicht blos die einfache Verkündigung, daher οἱ διδάσκαλοι τοῦ κηρύγματος,[2]) sondern auch die Glaubens= und Sittenlehre, ersteres zeigt der Ausdruck διδάξαντες τὸν λόγον τοῦ κυρίου;[3]) letzteres schließen wir aus Mand. IV, 1, wo von solchen Lehrern gesprochen wird, die eine strengere Sitte empfehlen.

Nach dieser Umschau über die kirchliche Organisation müssen wir es als richtig anerkennen, daß Hermas nur eine geringe Ausbildung der kirchlichen Aemter verrät. Wenn er nun unter den obwaltenden mißlichen Verhältnissen nicht eine Stärkung resp. Vermehrung, sondern nur eine Läuterung derselben fordert, also die empirische Kirche nicht weiter organisch ausgebildet werden lassen will, so hat das seinen Grund darin, daß er die Zeit nicht fern wähnt, wo der Herr wiederkommen und seine Kirche selbst regieren wird.

II. Die subjective Heilsaneignung.

Der objectiven Realisierung des Heilplanes, wie sie sich in der göttlichen Wirksamkeit und der Selbstthätigkeit der Kirche darstellt, muß nun die subjective Aneignung zur Seite treten. Durch Predigt und Taufe hatte die Kirche das bereitete Heil den Menschen zu vermitteln; dem entspricht nun auf Seiten der zu gewinnenden, resp. gewonnenen Seelen der Glaube, die Buße und Heiligung.

§ 16. Der Glaube.

Der Glaube als die nächste und natürlichste Frucht der Predigt ist die christliche Erkenntnis (γνῶσις). So wird von den Heiden, welche, nachdem sie die Predigt von dem Sohn Gottes gehört und geglaubt hatten, berufen wurden, gesagt, daß sie zur Erkenntnis Gottes und

---

[1]) Vergl. Th. Harnack, Der christl. Gemeinde-Gottesdienst, Seite 245, 371. Act. 3, 1. I. Cor. 12, 28. Eph. 4, 11. Jacob. 3, 1. Herm. Mand. IV, 3. Clem. Homil. XI, 35. Hippl. ad. Epiph. haer. 42, 2. Tertull. de praescript. haer. 3.

[2]) Sim. IX, 15, 4.

[3]) Sim. IX, 25, 2.

seiner Großthaten gelangt seien,[1]) und in gleicher Weise heißt es von den alttestamentlichen Frommen, welchen die Apostel nach ihrem Tode den Namen des Sohnes Gottes verkündigten, ἐπέγνωσαν τὸ ὄνομα τοῦ υἱοῦ τοῦ θεοῦ.[2]) Als Erkenntnis wird der Glaube auch Bekenntnis (ὁμολόγησις),[3]) womit zunächst aber weiter nichts gesagt ist, als daß derselbe eine innere Zustimmung zum christlichen Bekenntnis ist ohne nachfolgende Bewährung im Wandel und Martyrium.[4]) Wenn Hermas von solchen redet, die den Namen des Herrn auf den Lippen, aber nicht im Herzen haben; oder von solchen, die zwar Gott und seine Werke erkennen, aber nicht in seinen Wegen wandeln; oder von solchen, die nie von Gott abgefallen, sondern im Glauben stets beharrt sind, aber nicht die Werke des Glaubens vollbringen, sondern nach heidnischer Weise leben; ja von solchen, die wiewohl sie Christen sind, die Werke der Ungerechtigkeit thun: so folgt aus dieser Äußerungsart, daß er wie Jakobus einen toten Glauben kennt, der nichts ist als eine Zustimmung zum Bekenntnis und daher keine Kraft hat, ein der Lehre und der Erkenntnis entsprechendes Leben zu wirken.[5]) Es ist darum ganz verkehrt zu sagen, daß Hermas ebenso wenig eine christliche Sittlichkeit ohne christlichen Glauben, als christlichen Glauben ohne wahre Sittlichkeit kennt.[6]) Hermas kennt zweifellos solchen toten Glauben, aber er findet nicht seine Billigung, weil er nicht die höchste Stufe des Glaubens ist. Die aus der Erkenntnis erwachsene Zustimmung zum Bekenntnis ist nur eine Seite des Glaubens, wie er ihn faßt. Dazu kommt eine andere, nicht der ersten coordinierte,[7]) sondern aus ihr als der Ursache resultierende Wirkung, welche ich nicht als That, sondern als Zustand des gläubigen Herzens fassen möchte. Hermas nennt die πίστις eine

---

[1]) Sim. IV, 4. IX, 17; 18, 1, 2.
[2]) Sim. IX, 16, 7.
[3]) Sim. IX, 28, 4—7.
[4]) Vergl. Lipsius a. a. Ort, 1865, Seite 275; 1869 Seite 257. Zahn a. a. Ort, Seite 170—190. Jahrbücher für deutsche Theologie 1870, Seite 196 flg. Harnack zu der Stelle Mand. I, 1 meint, daß er in der That einen christlichen Glauben kenne, der nicht das ganze Leben bestimme, sondern daß der Glaube zunächst von ihm als die innerliche Zustimmung zu dem christl. Bekenntnis gefaßt wird gegenüber Unglauben, Halbherzigkeit und Zweifel — eine Zustimmung, die zwar sofort zu dem entsprechenden christlichen Verhalten verpflichtet und treibt, es aber nicht als solche schon verbürgt."
[5]) Vergl. Sim. VIII, 9, 1; IX, 18, 1—2; IX, 21, 1; Sim. VIII, 10, 3: οὗτοί εἰσι οἱ πιστεύσαντες μέν, τὰ δὲ ἔργα τῆς ἀνομίας ἐργαζόμενοι.
[6]) Zahn, Hirt des Hermas, Seite 157.
[7]) So Lipsius a. a. Ort 1861, Seite 275. Vergl. Hilgenfeld, Zeitschrift für wissenschaftl. Theologie 1858, Seite 438.

Tugend und zwar die erste unter allen[1]) und letzteres nicht blos, weil sie nach ihrem Wesen die vornehmste wäre, sondern weil sie als die Mutter aller übrigen gedacht wird.[2]) Die Tugenden erscheinen als ihre Werke, und die Werke der Tugenden sind gleichfalls wieder als Werke der πίστις vorgestellt.[3]) Es folgt daraus, daß wir den Glauben als einen habitus des Herzens zu fassen haben, aus dem der rechte Wandel ganz von selbst resultiert. Der christliche Wandel in seiner Mannigfaltigkeit, sowohl in seinem Verhältnis zu Gott als zum Nächsten und der eigenen Person ist nichts als der offenbar gewordene Glaube. Daher können wir mit Recht sagen: „daß ihm der Glaube — in seiner höchsten Form — nicht blos der verheißungsvolle Anfang, sondern auch die vollendete Krone des Christenlebens ist."[4])

Der Glaube in dieser höheren Gestalt ist die in sich selbst gefaßte Harmonie des auf Gott gerichteten und in ihm ruhenden Herzens. Von dem Zwiespalt der Gedanken, die sich unter einander verklagen und entschuldigen, also von der inneren Zerfahrenheit und Zerrissenheit der Ungläubigen, weiß der Gläubige nichts.[5]) Er besitzt die ἁπλότης τῆς καρδίας, womit nicht blos die Einfalt, sondern auch die Ungeteiltheit seines Herzens beschrieben ist, und was er thut, geschieht nicht mit halbem Herzen, sondern ἐξ ὅλης τῆς καρδίας, und das kann er, weil sein Herz einzig und allein auf Gott gerichtet ist.[6]) Wird dieser Zustand actuell, so beweist er sich in Beziehung auf Gott als ein kindliches Vertrauen und eine heilige Scheu, in Beziehung auf die Sünde, mag sie von innen oder außen kommen, als überwindende Kraft, in Beziehung auf den Nächsten als dienende Liebe.

Keine Forderung kehrt so oft wieder, als die πίστευσον τῷ θεῷ. Dies πιστεύειν τῷ θεῷ ist nun ein Vertrauen[7]) auf den allmächtigen Gott, der die Welt und zwar um des Menschen willen geschaffen hat. Daher bittet der Glaube alles, wirft alle Sorgen auf Gott[8]) und setzt alle Hoffnung auf ihn.[9]) Das πιστεύειν τῷ θεῷ ist ferner die heilige

---

[1]) Mand. VIII, 9.
[2]) Vis. III, 8.
[3]) Ebendaselbst.
[4]) Mand. IX, 10: ἡ γὰρ πίστις πάντα ἐπαγγέλλεται, πάντα τελειοῖ.
[5]) Man beachte die Schilderung der Ungläubigen und Zweifelnden. Vis. II, 2. III, 2. 3. 4. 7. 10. 11. IV, 1. Mand. V, 2. IX. Sim. VI, 1. VIII, 7. IX, 21.
[6]) Vis. III, 3, 4. III. 10, 9.
[7]) Mand. IX, 1—6. Sim. IX, 18, 5.
[8]) Vis. IV, 2. Vis. III, 11.
[9]) Mand. XII, 5.

Scheu vor dem gewaltigen Gott, der retten und verderben kann, „nicht sowohl Furcht vor Gottes Zorn und Strafe als vielmehr im Unterschiede von der aller Creatur eigenen passiven Scheu vor Gott das in der Erfüllung seines Willens sich kräftig erweisende Denken an Gott als den einzigen Herrn, welches alle andere Furcht austreibt." [1])

In Beziehung auf die Sünde, mag sie nun als böse Lust sich im Herzen regen, oder mag sie als versucherische Wirkung des Teufels auftreten, erweist sich der habitus des gläubigen Herzens als eine überwindende und siegende Kraft, „aller dieser Dinge und aller Gebote," sagt der Hirt am Schluß der Mandate, [2]) „kann der Mensch Herr werden, welcher den Herrn in seinem Herzen hat. Denen, welche den Herrn im Munde führen, während ihr Herz verstockt und fern ist vom Herrn, sind diese Gebote hart und schwer. Faßt also den Herrn in euer Herz, die ihr leer seid und leicht am Glauben, und ihr werdet erkennen, daß nichts leichter, süßer und milder ist, als diese Gebote!"

Demnach müssen wir sagen, Hermas hat einen doppelten Glaubensbegriff: er kennt einen Glauben, der nur Kenntnis und Anerkenntnis der christlichen Lehre ist, und einen höheren Glauben, der die Erkenntnis der christlichen Wahrheit in's Leben umsetzt. Dieser letztere verhält sich zum ersteren wie die Frucht zur Blüte. Aber wie nicht alle Blüten Frucht tragen, so führt auch der christliche Glaube, insofern er nur Anerkennung der christlichen Wahrheit ist, nicht notwendig zum Glauben, insofern er christliches Wandeln ist. Πιστοί und πιστεύσαντες haben daher auch doppelte Bedeutung; sie bezeichnen einfach die Zugehörigkeit zur christlichen Kirche, [3]) welche auf dem Bekenntnis und der Taufe beruht, ohne über den religiösen und sittlichen Zustand der Glieder etwas auszusagen, und bedeuten zum andern die wahren Christen, die nicht blos der empirischen Kirche angehören, sondern auch Glieder der idealen sind resp. sein werden. [4])

Der Glaube, sofern er blos Anerkenntnis der christlichen Lehre ist, hat keine beseligende Kraft; wie er keine Werke zeitigt, so kann er auch kein Leben und keine Gerechtigkeit schaffen. Dagegen wird durch den

---

[1]) Zahn, Hirt des Hermas, Seite 173.
[2]) Mand. XII, 4.
[3]) Siehe die Eingänge Sim. IX, 19. Mand. IV, 3. X, 1. Sim. VIII, 6. IX, 13. Vis. III, 6. Mand. IV, 1. Mand. XI. Im Gegensatz zu den Nichtchristen heißen die Getauften — die Berufenen (Mand. IV, 3. Sim. VIII, 1. 6. 11. IX, 14). die Erwählten (Vis. I, 3. II, 1. 2. 4. III, 5. 8. 9). die Heiligen (Vis. I, 1. II, 2. III, 6. IV, 3. Sim. VIII, 8. die Gerechten (Vis. II, 2. Sim. VIII, 9).
[4]) Siehe Vis. IV, 3. Vis. I, 3. III, 8.

Glauben, sofern er zum christlichen Wandel geworden, Sünde und Teufel überwunden, in seiner Kraft alle Trübsal, nicht blos die zeitliche, sondern auch die letzte große Drangsal besiegt und das Leben der Gläubigen gerettet.[1]) Dieser Glaube ist eine von obenher, von Gott stammende Gabe, ist vermittelt durch den Sohn Gottes[2]) und kann daher erst nach der Taufe gefunden werden, während der Glaube, sofern er nur Erkenntnis und Anerkenntnis der christlichen Lehre ist, auch vor der Taufe erwachsen kann, erwächst und zu ihr hinführt.

§ 17. Die Buße.

Die durch den Taufbefehl Christi gegründete, durch die Predigt und Taufe erbaute, durch den Glauben und die Heiligung erstarkte und bewährte Kirche war im Anfang ihrer Entwickelung der göttlichen Idee gemäß.[3]) Aber die Sünde war nicht überwunden, der Teufel nicht ge= bunden und besiegt; wie für die erste in Adam und Eva beginnende Verwirklichung der idealen vorweltlichen Kirche die Sünde eine hindernde Macht wurde: so auch für die auf Christi Berufung sich erbauende Kirche. In allerlei Gestalt hatte sich die Sünde eingeschlichen. Die nunmehr vorhandene Kirche entsprach so wenig der göttlichen Idee, daß es einer neuen Gottesthat bedurfte, damit der Weltplan nicht vereitelt wurde. Diese Gottesthat ist eine neue Offenbarung, mit der von dem Montanismus gelehrten verwandt, insofern als sie auf einer Manifestation des heiligen Geistes beruht[4]) und auf eine Erneuerung der Kirche ab= zielt, aber dadurch von ihm unterschieden, daß sie auf die ganze Kirche und nicht auf einen Kirchenkreis nur gerichtet ist[5]) und keineswegs wie dort voraussetzt, daß sie eine Ergänzung der Offenbarung in Christo sei, als ob vorher die Kirche noch nicht alles besessen habe, wodurch sie ihrer Vollendung entgegenreifen könnte.

Seit dieser Offenbarung beginnt, wie wir mit Lipsius anerkennen,[6]) allerdings eine neue Epoche kirchlicher Entwickelung. Nicht ein alter Grundsatz wird als auch für die Zukunft gültig hingestellt, sondern als

---

[1]) Vis. IV, 2.
[2]) Sim. IX, 13, 2: αὗται γὰρ αἱ παρθένοι δυνάμεις εἰσὶ τοῦ υἱοῦ τοῦ θεοῦ.
[3]) Vergleiche den Turmbau in den Visionen und dem neunten Gleichnis.
[4]) Der mit dem heiligen Geist identische Sohn Gottes ist es, welcher den Buß= engel sendet und schließlich selbst dem Hermas erscheint, um ihm die Bußpredigt zu übertragen.
[5]) Vis. I, 1. II, 2. 3. IV, 2. Sim. IX, 14.
[6]) Lipsius, Zeitschrift für wissenschaftl. Theologie 1566, Seite 33. Dagegen Zahn, Hirt des Hermas, Seite 353.

ein neuer, nur erst von einigen Lehrern vorgetragener Grundsatz erscheint die Lehre, daß für die Getauften, wenn sie gefallen sind, keine Bekehrung wieder möglich ist.[1]) Die Aufstellung dieses Grundsatzes markiert schon die neue Epoche. Er wird aber aufgestellt, um die neue Gottesthat um so deutlicher hervortreten zu lassen. Bleibt nämlich dieser Grundsatz in Kraft, dann ist, da die ganze Kirche gefallen ist, die Kirchenidee Gottes vereitelt. Daß dies nicht geschehe, hebt Gott diesen Grundsatz auf, schafft eine neue Epoche, in der ein anderer Grundsatz herrscht. Von der bisherigen Entwickelung unterscheidet sich die neue auch dadurch, daß sie sich nicht wie jene auf alle Menschen, auch auf die Getauften, sondern nur auf die letzteren allein bezieht und zwar nur sofern sie der Kirche angehören, sowie auch dadurch, daß jene durch Taufe und Glaube, diese durch Buße die Erneuerung der Geister schaffen will.

Diese neue Periode ist auf Gottes Erbarmen zurückzuführen; er will in seiner Langmut nicht, daß die durch seinen Sohn geschehene Berufung vergeblich sei,[2]) will daß alle leben, die einmal seiner Kirche angehören. Um diesen seinen Liebeswillen zu verwirklichen, sendet er den Bußengel und läßt die Möglichkeit einer zweiten Bekehrung verkünden; ja er sendet den heiligen Geist, daß er die Bekehrung erwirke. Daher heißt es denn auch, Gott habe die Buße gegeben,[3]) womit nicht einfach gesagt ist, daß er die Sinnesänderung bewirkt, sondern daß er die Buße als eine neue Heilung ersonnen und eine Zeit zu dieser Heilung gewährt hat.

Diese von Gott gewollte und gewährte Buße ist universal, insofern sie allen Gläubigen[4]) angeboten wird, sie ist aber nicht vergewaltigend, denn es steht in dem Willen der Berufenen, sie anzunehmen oder zu verweigern. Diese neue Buße, $\mu\varepsilon\tau\acute{\alpha}\nu o\iota\alpha$, ist — kurz gesagt — eine Erneuerung des menschlichen Herzens.[5]) Sie erwächst aus der Trauer um die erkannten Sünden. Diese Trauer ist notwendig, muß jedoch rechter Art sein. Nicht eine düstere, an Verzweiflung streifende Trauer, die den heiligen Geist betrübt, verscheucht und dadurch die Erneuerung unmöglich macht, sondern eine göttliche Traurigkeit, dabei man im Be-

---

[1]) Mand. IV, 3.
[2]) Mand. IV, 3, 5. Sim. VIII, 2. 11. Mand. IX.
[3]) Sim. VIII, 6. Vergl. $\check{\varepsilon}\vartheta\eta\kappa\varepsilon$ $\tau\grave{\eta}\nu$ $\mu\varepsilon\tau\acute{\alpha}\nu o\iota\alpha\nu$ $\tau\alpha\acute{\nu}\tau\eta\nu$ (Mand. IV, 3) und $\delta o\tilde{\nu}\nu\alpha\iota$ $\tau\grave{\eta}\nu$ $\mu\varepsilon\tau\acute{\alpha}\nu o\iota\alpha\nu$ (Vis. IV, 2. Sim. VIII, 11.)
[4]) Vis. I, 1. II, 2. 3. IV, 2. Sim. IX, 14.
[5]) Vis. I, 3. II, 3. Mand. VIII, IX, XII, 4. Sim. IX, 20.

wußtsein der göttlichen Gnade doch heiter sein kann, ist das Rechte.[1]) Aus dieser Traurigkeit kommt Sündenerkenntnis, welche Selbstgerechtigkeit und Hochmut nicht duldet. Aber nicht die Erkenntnis, sondern das gläubige Ergreifen des göttlichen Willens hilft zur Erneuerung. Beides, das Erkennen der Sünde und das Ergreifen des göttlichen Gnaden= willens, schafft den Zustand, den Hermas Buße nennt. Dieser Zustand besteht in einer völligen Abwendung vom Unglauben und Halbglauben und in einer totalen Zuwendung zu Gott.[2]) In dieser Zuwendung ist dann die Erneuerung des Geistes gesetzt. Möglich ist diese Erneuerung wegen der zuvorkommenden Gnade Gottes und der göttlichen Allmacht, sowie weil auch in dem Menschen die Taufgnade noch nachwirkt[3]) und dem Keime nach die Erneuerung schon gesetzt hat. Wiewohl nun diese Erneuerung als Gottes Werk geschildert wird, ist sie doch freie Willensthat der Menschen, so sehr, daß sogar die Sündenvergebung d. i. die Er= neuerung erst als Frucht der Heiligung erscheint,[4]) womit auch die Ansicht zusammenhängt, daß begangene Sünden durch ein heiliges Leben zwar nicht ungeschehen gemacht, aber gesühnt werden können.[5])

§ 18. Die Heiligung.

Die Rechtfertigung tritt, wie wir schon mehrfach zu betonen hatten, bei Hermas zurück. Zwar ist sie ihm der Grund, auf dem sich die Heiligung erbaut. Um ihretwillen ist die neue Bußperiode einge= treten und um ihretwillen wird Kraft und Beistand zur Heiligung ver= heißen. Mit ihr ist ein Zustand geschaffen, der gleichsam latent ist, aus dem aber, sobald die Buße hinzutritt, der Wandel in Gerechtigkeit entspringt. Aber Hermas betont die Rechtfertigung nicht, die Heiligung ist ihm Hauptsache. Darum wird er nicht müde, die eine Forderung des Glaubens und noch mehr die eine Forderung der Buße in ver= schiedene Gebote auseinander zu legen. Es scheint, besonders in den Visionen, als ob die Buße ein einmaliger Akt wäre und als solcher gefordert würde, und in der That beruht sie ja auf solch einem ein=

---

[1]) Mand, X, 1. X, 2, 1—6.
[2]) Vis. II, 2. III, 12. Mand. IX.
[3]) Vis. III, 7. Zahn, Seite 332: Gerade daran, daß etliche, welche der gegen= wärtigen Bußforderung beharrlich widerstreben, doch einst einen Anteil an dem gerechten Wort gehabt haben, wird die Hoffnung geknüpft, daß auch sie noch sich bekehren.
[4]) Mand. IV, 4, 4: τοῖς δὲ προτέροις σου παραπτώμασιν ἄφεσις ἔσται, ἐὰν τὰς ἐντολάς μου φυλάξῃς. Vergl. Sim. IX, 28, 3 und Harnacks Anmerkung.
[5]) Mand. III, 5.

maligen Akt, einer That des Herzens, aber sie legt sich, wie wir's in den Mandaten und Gleichnissen wahrnehmen, alsbald zu einem Verhalten auseinander.

Ihrem Wesen nach ist die Heiligung negativ eine Bekämpfung aller bösen Lust, eine Ueberwindung aller bösen Versuchungen, ein Meiden aller bösen Werke, eine völlige Lossagung von dem Teufel und seinen Werken; positiv ist sie ein Wandel in den Wegen Gottes, eine aus der Erneuerung des Geistes fließende heilige Gesinnung, die sich im heiligen Wandel bewährt.[1]

Auf die von Gott verliehene Kraft zurückzuführen ist die Heiligung ein Werk der göttlichen Gnade und darum nicht verdienstlich. Aber schon die Verknüpfung des Lebens und der Seligkeit mit dem heiligen Wandel enthält ein Zugeständnis an die Verdienstlichkeit derselben. Und war die Heiligung, nicht insofern sie Gottes Werk, sondern That der Menschen ist, erst stärker betont, dann lag der Gedanke nahe, daß sie erst den Zustand schaffe, um deswillen Gott die Sünden erlasse, und von da war's nur noch ein Schritt, eine über den geforderten Glaubensgehorsam hinausgehende Leistung als möglich und besonders wertvoll anzuerkennen. So ist das Fasten,[2] so das Martyrium ein überschüssiges Werk,[3] das wenn auch nicht gerade eine besondere Seligkeit, so doch eine besondere Ehre bei Gott erwirbt.[4] Damit ist der paulinische Grundsatz von einer Rechtfertigung allein aus Gnaden durch den Glauben verlassen, und wie die Möglichkeit einer Sühnung begangener Sünden durch Werkgerechtigkeit auch die Erwerbung von Gerechtigkeit und Seligkeit durch die Heiligung im Princip anerkannt.[5] Judenchristlich kann man diese Stellung nicht nennen, es finden sich in derselben nur die verhängnisvollen Ansätze zu einer doppelten Ethik, wie sie sich später in der katholischen Kirche auszubilden begann.

---

[1] Das erhellt aus dem ganzen Buch, besonders den Mandaten.
[2] Sim. V, 3, 8: ἐὰν οὕτω τελέσῃς τὴν νηστείαν, ὡς σοι ἐνετειλάμην, ἔσται ἡ θυσία σου δεκτὴ παρὰ τῷ θεῷ καὶ ἔγγραφος ἔσται ἡ νηστεία αὕτη.
[3] Vis. III, 2, 1: διὰ τοῦτο ἐκείνων ἐστὶ τὰ δεξιὰ μέρη τοῦ ἁγιάσματος καὶ ὃς ἐὰν πάθῃ διὰ τὸ ὄνομα τοῦ θεοῦ. Sim. IX, 28, 3.
[4] Vis. III, 2, 1: Ἀλλὰ ἀμφοτέρων καὶ τῶν ἐκ δεξιῶν καὶ τῶν ἐξ ἀριστερῶν καθημένων τὰ αὐτὰ δῶρα καὶ αἱ αὐταὶ ἐπαγγελίαι, μόνον ἐκεῖνοι ἐκ δεξιῶν κάθηνται καὶ ἔχουσι δόξαν τινά.
[5] Vergl. Lipsius a. a. Ort, Seite 49.

III.
Die Vollendung der Kirche.

§ 19.

Auch die letzte Gnadenoffenbarung Gottes erreicht ihren Zweck noch nicht ganz. Zwar besteht nach derselben die Kirche wieder aus berufenen Heiligen, diese haben aber immer noch die Möglichkeit zum Rückfall und Abfall von Gott an sich. Zum Teil fallen sie auch wieder zurück auf die sündige Stufe ihres Vorlebens. Es bedarf daher noch einer Prüfung und Sichtung der Kirche. Diese vollzieht sich in einer letzten großen Drangsal, welche vom Teufel veranlaßt wird und in einem äußerlichen Ereignis, wahrscheinlich einer großen irdischen Not und Verfolgung der Christen verläuft.[1]) Durch diese Drangsal werden die Christen ihrem Wesen nach offenbar. Die ihrer Herzensbeschaffenheit wegen nicht in die Kirche Passenden werden ausgemerzt. Nach dieser Drangsal vollendet sich der Turmbau, in der Kirche sind nur noch Heilige. Aber ihr fehlen viele Glieder, die ihr einst angehörten und noch Hoffnung haben dürfen, wenigstens nicht ganz verloren zu gehen. Unmittelbar nach der letzten Drangsal, mit der eine umfassende Missionsthätigkeit verbunden zu denken ist und durch die ein Wachsen der Kirche erfolgt, tritt die Wiederkunft des Herrn ein.[2]) Durch die von ihm vorgenommene Prüfung und Sichtung der Kirche kommt der Kirchenbau zum vorläufigen Abschluß. Zwischen der Wiederkunft des Herrn und dem Weltende liegt eine Periode, in welcher noch eine Bekehrung möglich ist, in welcher auch viele Heiden und abgefallene Christen sich wirklich bekehren.[3]) Sie kommen zwar nicht in den Turm, werden aber zu

---

[1]) Vis. IV, 2. Vergl. Matth. 24, 21 flg. Vis. II, 2. 3.
[2]) Sim. IX, 7. Vergl. Sim. V, 5.
[3]) Vis. II. III, 5. 7.

Bauten verwandt, welche mit dem Turm zusammenhängen.¹) Es giebt also Stufen der Seligkeit, denn etwas anderes kann durch diese Bilder schwerlich veranschaulicht werden. Nach Ablauf dieser Periode tritt das letzte Gericht ein, die definitive Scheidung der Guten und Bösen. In diesem Gericht werden Himmel und Erde im Feuer vergehen und eine neue Welt entstehen.²) Die Bösen³) werden zum verzehrenden Weltfeuer verdammt, so zwar, daß die abtrünnigen Christen eine schwerere Strafe trifft, als die Heiden;⁴) die Guten werden in das Leben der neuen Zeit eingeführt und wandeln fortan in seliger Gemeinschaft mit den Engeln.⁵) Ob eine leibliche Auferstehung diesem Gerichte vorauf= gehe, wird mit keinem Wort gesagt, muß aber als stillschweigende Vor= aussetzung angenommen werden, um so mehr als Hermas auf die Heiligung des Leibes entschieden Gewicht legt.⁶)

Mit diesem letzten Gericht ist Gottes Weltplan durchgesetzt. Was er von Anfang an gewollt, aber durch die inzwischen eingetretene Sünde vereitelt wurde: das wird nach einer Reihe besonderer Gottesoffen= barungen, nach einer mühevollen, unter Kampf und Streit verlaufenden Entwickelung der Menschheit erreicht. Die Kirche besteht als eine durch eine Gesinnung und einen Geist ausgezeichnete Gemeinschaft unter der besonderen Herrschaft ihres Herrn, und die Welt, die um ihretwillen geschaffen, sich aber ihrem Dienst entzog und erst einer Erneuerung be= durfte, steht nun willig in ihrem Dienst. Es ist ein Leben voller Ein= tracht und Frieden, voller Seligkeit und Herrlichkeit, das sich in einem unermeßlichen Aeon abwickelt.

---

¹) Sim. X, 4. Sim. VIII, 6. VIII, 8.
²) Vis. IV, 3, 3. 5. Vis. I, 3, 4.
³) Sim. III. IV.
⁴) Sim. IX, 18, 2—3.
⁵) Sim. IX, 25, 2. 24, 4. 27, 3. Vis. II, 2, 7. Vergl. Harnacks Anmerkung zu Sim. 24, 4.
⁶) Sim. V, 6, 7. 7, 1—4.